敛与狂

日本人看不见的日本

王东=著

王轶庶=摄影

人民文学出版社

图书在版编目（CIP）数据

敛与狂：日本人看不见的日本 / 王东著；王轶庶摄． —北京：人民文学出版社，2014

ISBN 978-7-02-010214-3

Ⅰ．①敛… Ⅱ．①王…②王… Ⅲ．①日本—概况 Ⅳ．①K931.3

中国版本图书馆CIP数据核字（2013）第315026号

责任编辑	翟　灿　陈　黎
装帧设计	刘　静
责任印制	李　博

出版发行	人民文学出版社
社　　址	北京市朝内大街166号
邮政编码	100705
网　　址	http://www.rw-cn.com

印　　刷	三河市鑫金马印装有限公司
经　　销	全国新华书店等

字　　数	183千字
开　　本	890×1240毫米　1/32
印　　张	10.5　插页3
印　　数	1—15000
版　　次	2014年8月北京第1版
印　　次	2014年8月第1次印刷
书　　号	978-7-02-010214-3
定　　价	36.00元

如有印装质量问题，请与本社图书销售中心调换。电话：01065233595

献给你

001 ___ 独辟蹊径看日本　高源伸

压抑与暴力　001

台湾学者林明德在《日本的社会》一书中指出，日本人因身处的自然风土恶劣多灾，造成心理上的紧张感较强，性情急躁敏感，容易被动员起来而诉诸暴力。现代的都市环境和社会体制带来的压抑和焦虑，可能又加重了很多人精神上的负担。而观看暴力、色情、恐怖影像，成为一种相对简单的缓解方式，这也是在日本此三类题材的影片大行其道的主要原因。

004 ___ 资格社会

009 ___ 父与子

014 ___ 沉静的日本人

019 ___ 忘年会

023 ___ 压抑与暴力

029 ___ 愈暴力愈美丽？

034 ___ 集团与个人

038 ___ 反省真不易

043 ___ 精英和普罗

048 ___ 以貌识人

大核民族　053

日本的古怪之处，在于既是唯一被核能武器攻击过的国家，又是个孜孜利用核能满足贪欲的国家。自广岛、长崎的悲剧开始，核的阴影数十年来萦绕不散，最终又酿成了巨大的祸端。

056 ___ 军国主义还会来？

061 ___ 右翼是个什么玩意儿？

066 ___ 不是日本人的日本人

071 ___ 昭和天皇的白与黑

077___太子妃如果要离婚……
083___领导的缺席
089___大核民族
094___2011年3月11日14时48分
099___东电式败局
105___买的是恐惧
111___被忽视的大正时代
116___诸侯的崛起
122___错、错、错
128___转向
133___从中流到下流
139___钱从何来？
145___商贾之力
151___松下政经塾的故事

暗中的美

观看AV的感受，本质上是观淫癖和窥阴癖带来的心理反应，它的普及程度如何是有一定研究价值的。固然有人因看AV导致现实生活中失控的乱性冲动，但那恐怕是在性压抑当道的环境下，而在日本这种性风气开放的氛围里，多数人通过AV缓解了内心的激进性欲，释放了心理压抑的焦虑。

160___AKB48的色情意味
166___卡拉永远OK
171___好色不是罪
176___日本AV简史
181___AV女优的战国时代

186___ 表里
191___ 我欲乘风逃去
196___ 暗中的美
202___ 看打架
207___ 恐怖就在你身边
212___ 俳之一瞬
218___ 墙里开花墙外香的王阳明
224___ 饮食帝国主义
232___ 越来越辣
238___ 健康长寿的秘诀
244___ 日本医生的红包
249___ 严肃的搞笑诺贝尔奖
256___ 棒球为什么这样红？
262___ 女仆变奏曲
268___ 小强为什么这么强？
272___ 对谈之乐
276___ 逐利的传媒
281___ 道和神道

287___ 中日千年错看史（代后记）

321___ 致谢　王　东
323___ 镜子——日本摄影小记　王轶庶

独辟蹊径看日本 /高源伸

王东兄嘱我为他的这本书写段文字，留日十余载的岁月中，好在有王东兄与我击节话诗，对酒当歌，留下处处美好记忆的同时，也让我的心智学识斩获颇丰，实乃生命中不可多得之良师挚友也。因此虽虚长几岁，我仍以兄相称。

初识王东兄，说起来也是近二十年前的往事了。那时的他有点愤世嫉俗，经历了这些岁月的洗礼，他比那时多了几分沉稳和成熟，但其点评时事的犀利文风与其知识跨度之广仍如当年一样，在日本的华人社会中难寻出其右者。

后来，陆续与王东兄一起走过很多地方，接触过很多人。从灯火阑珊的号称亚洲最大欢乐街区的不夜城歌舞伎町，到闹中取静的山县有朋大将打造的和风庭园椿山庄，从明星政要到诗人画家……饕餮过已经变得近乎面目全非的日式"中华料理"，也曾在时尚流行发源地涩谷的地下酒吧抑或最为传统的居酒屋柜台上喝到天明……我们各自用自己不同的目光审视日本,这个无法搬走或视而不见的邻居。

一提到日本,很多人自然的第一反应就是抗战的艰辛,"打倒日本帝国主义"的呼声余音未息。但我们国人,尤其是群情激奋走上街头的那些青年,究竟对日本了解多少?我们是否曾试图去真正地了解这个岛国上的民族?

清末民初的大儒辜鸿铭曾经说过:"应该说日本人是真正的中国人,是唐代的中国人。"这个观点不管在哪个时代都是很前卫很激进的看法,但辜老先生并不是一味地妄自菲薄。他在《中国文明的复兴与日本》一文中满怀深情地写道:"中国人之所以有这种力量、这种强大的同情的力量,是因为他们完全地或几乎完全地过着一种心灵的生活。"说来惭愧,当下的中国社会,恰恰缺乏的就是"同情的力量"和"心灵的生活"吧?

早年戴季陶的《日本论》呼吁国人必须了解身边这个邻居,可惜近百年来中国的知识界以及大众完全没有对此予以重视,直到近些年,对于日本的介绍以及译作才有逐年增多的趋势。但遗憾的是,居多的是一些围绕政经形势的"大手笔"或个别文人式的无病呻吟。王东兄的这本书,开卷之后可发现其独辟蹊径,大处着眼小处着手,资料的翔实与写作手法的轻松给人耳目一新的感觉,甚至连很多留日、旅日多年的华人,对一些平日貌似了解的日本事物,都不禁发出"哦,原来如此"的感慨。比如关于近年来被大多数人接受甚至推崇备至的日本饮食文化,王东兄却提出了冷静且独到的评说,尽管我个人对此并不完全苟同,但也不得不佩服他客观的视角和敏锐的观察力，读后应该说开卷有益，能够了解其迥异于他人的思维视点更是获益匪浅。本书虽不敢说在这方面独步人先，但确实是作出了一种尝试，而这种努力在波乱浮躁的今天尤为可贵。

　　本书不仅涉及了日本的政治、历史与文学等"上层建筑"的范畴，也将笔触伸向了颇具特色的娱乐圈、"风俗"（色情）业乃至卡拉OK等百姓感同身受的"小事"，但在王东兄的注释与深入分析后，不仅会让读者对这些大大小小的"日本事"有耳目一新的"真知"，更有一些独到的见解和文化意义上的"灼见"。

　　我和王东兄都出生在二十世纪七十年代，赶上了文化传统的一段波折时期，后来又感受了社会财富上的急剧变化，亲身体验了时代的种种陵替起伏。我们在岛国客居的这些年中，除了承担着基本生存要求的压力，为稻粱谋之外，聊以自慰的是并没有放弃求知若渴的习性。而王东兄比我更加积极主动地担负起社会责任，笔耕不辍，让更多的人了解一下身边这个复杂的邻居，实为我的榜样。我也以在游学东瀛的岁月中能够有幸结识这么一位肝胆相照的朋友深为骄傲。恐怕一直身处国内的朋友难以体会到的是：在去国漂泊的海外，能够有一个随时能互相依靠的臂膀且丝毫不掺杂利益关系的兄弟，是多么的难得！

　　彼时，与王东兄在某居酒屋对饮至半夜，聊起写作与出版，他说他有一个梦想，就是将来摒弃所有羁绊和顾虑，出一部彻底为自己写的书——我期待着。

高源伸
于 京北半坡莊

压抑与暴力

台湾学者林明德在《日本的社会》一书中指出，日本人因身处的自然风土恶劣多灾，造成心理上的紧张感较强，性情急躁敏感，容易被动员起来而诉诸暴力。现代的都市环境和社会体制带来的压抑和焦虑，可能又加重了很多人精神上的负担。而观看暴力、色情、恐怖影像，成为一种相对简单的缓解方式，这也是在日本此三类题材的影片大行其道的主要原因。

资格社会__004

父与子__009

沉静的日本人__014

忘年会__019

压抑与暴力__023

愈暴力愈美丽?__029

集团与个人__034

反省真不易__038

精英和普罗__043

以貌识人__048

* 生与死：中午盛开的樱花，数日后谢落芳华 ／东京

资格社会

验·证

　　日本是一个不折不扣的资格社会。我想如果询问任何一个成年人，至少都拥有一项以上的资格。在公共交通工具上，能看到各种资格考试、检定的报名或辅导广告；在书店和图书馆里，相关书刊多如牛毛。日本文豪太宰治的名作《人间失格》，意思是丧失了为人的资格。在日本社会混，若没有几个资格在身，恐怕还真就会没了做人的资格。

　　日本这种资格文化的背景，也许和传统的社会阶层划分有关。在士农工商的体制下，社会各阶层学习知识要以本阶层实用、常用的优先。农民自然关注农学，商人则琢磨促进商品的销量，工匠揣摩技术改良……对保持自己的身份必要的知识和能力，此即资格。进入现代社会以来，分工愈趋精细，专业日渐庞杂，资格也就扩展到各行各业，并建立起了从教育到考试的一整套制度。拥有某项资格，就意味着对某项事务具备了一定的了解与掌握。

日本的资格大致可以分两类。一类是由国家或公共机关认定的，最常见的如医师、律师、会计师、建筑师等；还有很多职业技术学校，毕业生可以自动获得或考取相关行业的资格。值得说明的是，那些人数庞大的毕业于职业技术学校或是依靠自学的熟练技工，成为日本国力两次腾飞的最核心动力。对比一下中国的职业技术学校，就可以看出差别所在。那儿与其说是在培养具有一定专业技术的劳动者，不如说是丧失了接受充分教育权利的年轻人的收容所。

还有一类是民间机构和团体颁发的资格，内容就五花八门，有的接近搞笑，这个稍后再讲。

日本人都要拿几个资格，是因为这可能关乎自家的安身立命。在经济不景气又竞争激烈的时代，有些资格获得者的就业率高达90%以上，这无疑极具魅力。以资格取人，听起来好像不太好，但强调资格对日本社会的发展，有非常积极正面的意义。首先，从一个人所具有的资格，大致能推断其擅长和兴趣，这对于他所效力的企业或机构来说，省却了不少麻烦。尤其是一些专业技能要求较高的行业，资格是前提，谁也不愿意面对白丁和菜鸟。其次，资格的重要性促进了专业意识的高涨，如何获取资格，如何提高资格等级，这对于资格所有者来说，是一个不断学习不断进步的动力。

不过，资格的一个根本前提是完善公正的考核。如果资格的考核可以作弊造假，那也就意义全无了。日本的资格社会，正是建立在作弊造假罕见的基础之上。对资格的看重，辅以日本人特有的"缩小"意识，就变成了万事皆有资格。广告上有时会看到"色彩检定"，这也是一个资格的考试，内容是有关色彩的知识和技能。我初见之，还以为是色盲色弱的检查。众所周知，日本的美育极为发达，服饰设计亦是强项，这个色彩检定的主办方就是"全国服饰教育者联合会"。但是，各人对于色彩的感觉各不相同，在服饰上的色彩应用属于艺术范畴，要把它分成一到三级的量化，未免教条。

更让人莞尔的是一个"时事新闻能力检定"的资格，分一到五级，二级还分出了准二级。原来看时事新闻也需要能力考验，这委实有点离谱。根据其标准，最低的五级是小学高年级生和初中生水平，特征是对以日本国内为中心的社会规范和现象感兴趣，最高的一级是大学生以上阶段，能读懂报纸社论，能在社会新闻中总结出自己的观点。该检定自2007年起，在日本主要城市一年举行两次，我倒很想参加一下，看看自己能达到几级。

获得了资格，差不多就可以成为"士"。日本的士之泛滥，堪称一绝。单单看食品相关行业，有酿酒技能士、制面技能士、面包技能士、点心技能士、饭店服务技能士（不知道如何要求），还有食品标示诊断士（据说要能看懂食品贩卖时的标签）、食品空调技能士（好像和冷冻食品有关）……

对资格的热爱，也造就了巨大的商机。前面说的时事新闻能力检定，五级报名费2000日元，一级则是6500日元，这算便宜的。色彩检定一级的报名费要15000日元，每年有数万人报名，生意规模不小。棋类的段级位制是日本首创，那也是一种资格。过去日本棋院的主要收入就是发行业余段位证书，业余一段是30000日元，业余最高的八段竟然要100万日元。已故名誉棋圣藤泽秀行因为看不惯,一度脱离日本棋院,自己发证,闹得沸沸扬扬。我曾说过国人来日创业可以选择宗教法人敛财,但那条路并不简单,倒不如组织个资格考试来得容易,只要能选好题材。

* 父与子：
无言的对峙

／长崎

父与子

散·钰

探讨日本人的父子关系是个有意思的课题，虽然这需要相当的理论储备和调查基础，我还是冒昧地讲讲个人感想。

友人说公司里有位日本同事叫做早川，某日突然接到电话，其他同事转来时，他问："谁找我？"同事说："好像也叫早川。"他登时犹豫起来，面露难色，迟疑之后拿起电话说了几句。友人好奇地问他怎么回事，他说是独居的父亲从京都打来，事实上他们已经有十几年没联系了，突兀的电话让他颇感不安。

这个小故事似乎不是偶然的个例，不少日本人在父子关系中存在着一些难以描述的现象，其构成原因更加复杂隐晦。

作为分析辅助的文本，是两部电影：中国导演霍建起的《那山那人那狗》，张艺谋和日本影坛巨星高仓健合作的《千里走单骑》。前者至今仍然是一个传奇，是中国电影在日本获得的不可复制的票房奇迹，还荣获 2001 年度日本电影最高奖项"每日电影奖"的最佳外语片奖。一部低成本的艺术电影,在中国市场仅仅卖出了一个拷贝,却在日本上映将近一年,经久不衰,票房高达十亿日元。这个成绩极为亮丽,特别是和制作成本相比,简直是点石成金。包括电影的创作者们,应该也都摸不着头脑,究竟是什么原因让此片在日本引起了如此之大的反响?霍建起在日本的知名度骤然攀升,并在翌年凭借《暖》夺得了东京电影节大奖。不过,那个奖项好像更多的是表达一种对《那山那人那狗》的"追授",而《暖》也并未再现《那山那人那狗》的票房辉煌。之所以说霍建起不清楚日本人的热情从何而来,因为《暖》还是走文艺温情路线,男女之间的感情刻画细腻,但哪怕是加上日本著名演员香川照之扮演的聋哑人,极尽煽情催泪,仍旧没有《那山那人那狗》的神奇魔力。

问题出在《那山那人那狗》的主题:父子关系。

我在2005年的东京电影节开幕式上看了《千里走单骑》,不知道日方在影片中对故事的建构有多大的影响,如果编剧邹静之是以一己之力完成,那么说明他对日本电影乃至日本文化下了功夫。影片的主题还是父子关系,日本的一对父子因隔阂多年冷战,中国的一对父子在生活颠簸中相濡以沫。最终,日本父子完成了形式上的和解。该片因为创作者的名气,在日本反响不错,熟悉的主题亦功不可没。

父子之间的相亲相爱之情,似乎是打动日本人心灵的一招"必杀技"。这或许说明在日本人的生活中,父子关系呈现的是另一番样貌。就像日本中年妇女疯狂迷恋韩国的"纯爱"电视剧,是因为她们在生活中感到了"纯爱"的稀缺。日本的父子之间,为什么会显得情感温度较低？父亲在儿子的心目中，又是什么样的形象？母亲在家庭里所处的地位和角色到底是什么？一连串的问题等着回答。

二十世纪三十年代的军国主义氛围下，日本警察对大学生之类的年轻左翼激进分子曾采取软硬兼施的手段，令其"转向"。软的招数是把被捕的左翼青年带到局长室，让他们坐在局长的椅子上，局长则自掏腰包给他们叫一份"亲子盖浇饭"。这个吃法现在也有，所谓"亲子"就是鸡肉和鸡蛋铺在米饭上，我总觉得名字听起来有股非要满门抄斩的别扭。警方希望"亲子盖浇饭"能令小青年联想起亲人和自己的关系，但"转向诱导"手册阐明，最好说些"你的母亲很担心你"之类的话，不能多谈父亲，否则反而会造成学生们的权威反抗意识。

父子关系大概是人类的亲缘关系中比较独特的，常常带有紧张和对抗色彩。弗洛伊德的"恋母弑父"情结理论，的确是天才的创想，但在东亚社会中，父子关系的纠葛自有不同的文化背景。即便是同属东亚文化圈的中国和日本，父子关系的表现亦有歧异。一般传统的中国家庭里，家长制文化都把父亲塑造成家庭的核心、支柱和代表，父亲因此而具有管束教导子女的责任和权力。父子之间的冲突，大多来源于此。儿子对父亲的反抗，就是对权威的挑战。但是，中国高度强调"孝"的意识形态，赋予其不容置疑的地位，并极为维护血缘为纽带的宗亲体系，这都使得儿子的反抗阻碍重重。而在日本社会的伦理观念中，"孝"并非至尊价值，比如人们常说日本人更在乎的是"忠"。同时，日本人的家庭关系对血缘的依赖也不如中国严重，荷兰作家伊恩·布鲁玛在《镜像下的日本人》里提到，"亲"和"子"最早期的意义，是指工作团体的领袖与成员。这些因素，导致日本的父亲形象，从实质上讲，可能比中国的父亲形象要虚弱，日本的儿子大概更有勇气表达他们对父亲的反感和轻视。

家庭中不是只有父子，还有母亲的存在。中国人讲严父慈母，母亲的伦理地位或许犹胜父亲，权力地位却未必多高。可是，台湾学者林明德认为，"在一层薄薄的掩饰之下，典型的日本家庭仍然属于母系社会。"这是因为日本近代以来，家庭结构的变化和男女社会角色的分工，使得日本母亲的地位非但没有削弱，反而得到了某种加强。林明德说："对绝大多数的日本人来说，在母系社会中度过的童年经验，对其终身都有深远的影响。"我曾写过一篇《母与子》的文章，谈及日本式的母子关系。日本儿子对母亲的那种情感，不是弗洛伊德所说的恋，而是一种"依赖"。这种"依赖"并不存在于父子之间，相反，由于父亲在对待母亲时要么也表现出对母亲的"依赖"，要么是他冷落了母亲和家庭，都可能造成儿子对父亲的敌意与轻蔑。所以，在日本的各种文艺作品中，以讽刺挖苦手法丑化父亲形象的例子并不少见。

当年在东京的岩波剧场，《那山那人那狗》热映许久，我也曾去看过一次，发现身边的日本观众几乎皆为老人。我不知道他们当中有多少人会像《千里走单骑》中的中井贵一那样，长年拒绝与父亲联络交往，但影片中工笔描绘的融洽父子关系无疑是最吸引他们的亮点吧。人皆如此，缺啥就想吃啥，吃啥为了补啥。

*寂与喧：
和热闹的樱花树相比，
两个男人有些寂寞　／京都

沉静的日本人

一些官方的调查数据很有意思。

日本民众对教育的现状感想如何？二十世纪九十年代以来，满意度逐年下降，目前跌落到只剩两成，不满的高达八成左右。

日本民众对家庭和工作的现状感想如何？安心满意的也是逐年下降，感到不安的突破了七成。

日本民众对税收的水准感想如何？79%的人认为政府使用得不适当，有不公平的感觉。

日本民众对治安状况的感想如何？认为治安良好的只有7.4%，90%的人认为治安严重恶化或者多少恶化。

日本民众对政治人物和政党的信赖程度如何？七十岁以上的人不信或不太信的刚好过半，二十岁年龄段的青年七成以上不信或不太信。

从以上数据来看，日本民众对当下的生活质量、政府绩效等等有颇多的不满,特别是教育、税收、治安,这三项在很多国家都是指标性的,一旦负面数字上升到八九成的地步,恐怕要造成政治变动了。然而,在日本,不满仅仅是不满。事实上,十多年来的日本历届政府,除了小泉纯一郎和民主党执政伊始之外,首相的民意支持率大多数时间都低迷于两三成,甚至还有个位数的时候。这是个很有趣的现象,日本民众为何没有把他们的不满转化为实际行动?

2012年7月,一场大规模的反核电游行在东京首相官邸附近举行,组织方称有十七万人参加,警方则称参加者有七万多人。这场游行受到了媒体的密切关注,因为自从二十世纪六七十年代以来,日本再没有过类似规模的抗议集会。各大电视台纷纷调动直升机航拍,年轻记者们惊呼:"这么多人!"

离东京不远的埼玉县川口市,有一座日本国营电视台NHK的资料中心,任何人都可以观看自开播以来的主要影像资料。了解日本现代史的一个好方法,就是到那里调出几十年来的晚间新闻。二十世纪六十年代开始的反安保斗争、劳资抗争、学生运动,规模和激烈程度都相当震撼,自二十世纪七十年代中期就逐渐陷入沉寂。相比之下,如今的反核电游行无论从参加者的身份还是活动方式上看,都非常温和有序,但十余万人的规模确实令年纪稍长的日本人觉得久违了。

普遍带着不满,却沉静地接受,这是大多数日本民众的画像。不仅如此,在"三一一"东日本大地震之后,全世界舆论都注意到了日本受灾民众的淡定和冷静,并引发了对国民素质的感慨。这个问题要从多个角度去看。首先,最主要的原因是日本人应对灾害的意识无与伦比,既来自于地震频繁的生活经历,也得益于年复一年的防灾演习和教育。譬如说,人们在公共电话亭前安静地排队等待轮到自己,这实际上是常识教育的结果:没有秩序的争抢更没有效率,想占便宜的反而会更吃亏。其次也有日本人独特的生命观的因素,简单说就是他们不那么怕死,对命运突变比较淡然。和吾国吾民对照,这两点恰恰有极大差异。我们习惯于占便宜,把对公共资源的侵占当做输赢分明的比赛;我们又贪生畏死,总转着法儿想要"再活五百年"。

反核抗议肯定不会重演二十世纪六七十年代的街头骚乱,毕竟,国际局势已经巨变,那个整个地球都躁动的时期亦不复返,日本人的沉静还是主流,除非国内出现极其严重的经济恶化。这当中,也有教育的突出作用。

接触到的在日中国同胞中,说起对日本人的印象,比较多的一点是单纯。被认为单纯的,一般是普通的劳动者、上班族和年轻学生。也有认为日本人狡猾的,但往往是企业各级管理者、政客或闲散人士。这个单纯和前面说的沉静,可能要放在一起来看。日本式教育的确有精英和群众的泾渭之分,也造就了少数精英和多数普罗的体制。宽泛地说,西方发达国家也差不太多。尖锐一点说,或许要用到"愚民政策"这个词,只不过"愚"的内容和方式有所不同。"愚民"不一定是颠倒黑白或隐瞒阻绝,而是有目的地引导疏通。举两个日本的例子,平常民众大多对世袭贵族式的政治家们不满,尤其是连方便面多少钱都不知道的公子哥儿，但还是会把他们当做"有名人""偉い人（了不起的人）"，谈不上仇恨或敌视。另一个是东京大学教授高桥哲哉提出的，靖国神社问题的最大问题，在于日本普通民众根本不知道问题何在。他直接指出，能理解问题何在并拥有自我思考能力的日本人，可谓少之又少。

和西方国家近似，这种"愚民"在国际竞逐中显示出了积极的作用：民众服从精英的领导，安于现状，形成一股合力，避免了内耗。当然，前提是精英不会用杀鸡取卵、涸泽而渔的招数来对待民众，那样会导致你死我活的对立斗争，结果两败俱伤。

通过劳动实践，沉静的日本人发挥了巨大的力量，创造了经济上的奇迹。但是，凡事皆有两面性，沉静到了一定程度，也会变成僵硬封闭。世人看到了日本人在大地震面前表现出的秩序和镇定，却也看到了震后重建和善后工作的迟缓僵滞。地震满一周年，日本媒体在灾区做民调，80%以上的民众不满政府的重建工作进程。同样，不满仍仅仅是不满。

*阴与阳:
车窗外,模糊的男人与清晰的女人
／熊本

忘年会

在日本工作或学习过的人,差不多都有参加忘年会的经历。而对于在日本经营餐饮业的同胞来说,每年年底的忘年会时期,是一年中最美好的捞金时段了。

1872年12月31日,是日本采用东亚传统旧历法(天保历)的最后一天,即明治五年十二月二日。次日起,日本开始正式采用西历,这也是明治维新的一个象征。今天的日本新年就是中国的元旦,不像韩国和越南还保持了春节的习俗。若联想到"脱亚入欧",还真是那么回事儿。当时中国的《申报》还就此发表评论,讥讽日本的效法西洋未免过了头。

新年之前的一个来月,忘年会是最显要的主题。有些口碑不错的餐饮店铺,甚至需要提早几个月预订日期和位置。岁末那段日子,经过繁华街市的酒馆饭庄,常常能看到听到酒酣耳热、大呼小叫的闹腾活剧。忘年会,是日本社会文化中值得一提的现象。

日本社会学者园田英弘写了一本专著，就叫《忘年会》，论述日本这个年终节目的源流和现状。不过，他也没有明确指出忘年会究竟起源何时何地。东亚儒家文化圈内的新年之前，都有饮宴的习俗，苏轼就说过蜀俗岁晚"酒食相邀，呼为别岁"。日本古代典籍中也常见别岁、守岁、岁暮，但是，"忘年"的说法比较独特。园田英弘引用的江户时代中日人士对话记载，日方说"忘年"的意思来自一年将尽，想到主公和父母又老了一岁，欲借饮酒忘记这份悲伤。或许这就是忘年的本意，但之所以成为"会"，必须要有组织，所以最初的忘年会属于官吏或商人，普通百姓还是在家守岁。

明治以降，忘年会还是带着上流社会的气息，类似于贵族和富裕阶层的年末酒会，而后逐渐扩展到政府和商业机构。有报纸为证，明治十八年（1885年）十二月二十四日，司法省在某家和式温泉酒馆举行了忘年会，司法大臣山田和几十名职员参加。园田英弘认为，这样的忘年会应该花的是公款，意味着忘年会已经变成了官方行为，得到了体制的认可。

至此，现代意义上的忘年会正式诞生，其核心意义是一种集团内部的社交活动，以促进集团的凝聚力，营造互相沟通的气氛，哪怕要借助酒精的熏陶，哪怕就那么一个晚上的长度。战后的日本，随着经济的起飞，忘年会在二十世纪六十年代席卷了整个日本社会，几乎成为企业年底必不可少的仪式。

园田英弘提到，有的社会学者认为，日本人有强烈的"自我辩解"倾向，所以会把忘年会当做一个解除饮酒罪恶感、发泄压力和不满的机会。这固然是一个因素。另一方面,忘年会对于"集团性格"主导的日本人来说,其意义显而易见。事实上,在忘年会上,年轻人或级别较低者借着酒精的劲儿闹腾闹腾,也会得到纵容和默许。

在中国台湾,企业年终流行的聚餐被称为"尾牙"。近年来大陆的企业在年底,类似的员工活动也逐渐多起来。中式"尾牙"和日本忘年会的区别在于,"尾牙"还有外人参加,一般是邀请艺人表演,并要发放奖金,甚至举办抽奖活动。表现形式上的差别,也体现出中日两国在集体文化上的认知不同。如果从增进内部团结的角度来说,也许忘年会更加热络一些。当然,对企业来说,归根结底,效益是第一位的,否则即便上上下下一醉方休,最终还是要面对金钱的问题。

如今的日本忘年会,早已从企业、机构扩散到了社会各界,幼儿园同班儿童的妈妈们也可以召开。反而是在企业,日本这十多年来发生了不小的变化,主要是临时工的大增影响深远。传统的终身雇佣制条件下,员工对企业的忠诚度、归属感以及业务熟悉程度都容易建立加深,可临时工就不那么简单了。一个公司的忘年会,每年参加的脸孔都变来变去,其促进内部团结的意义自然有限。园田英弘列举的统计表明,虽然有95%以上的企业都要举办忘年会,但具体到个人的话,竟然有35%以上的人认为忘年会多余或有些多余,这也许折射了日本社会的某种新趋势吧。

*青与涩:福冈大学附中学剑道的学生 /福冈

压抑与暴力

菊与刀，刀是杀器，象征了日本人性格中带有暴力色彩的另一面。

我在日本生活的十多年里，很少遇见打架斗殴的事件，对骂争吵也难得碰到。走马观花的外国游客，常常就此赞道日本人的温和礼貌。但是，也有一些带有暴力倾向的家伙令人印象深刻，最常见的是在道路上或列车内故意冲撞、击打他人，只不过绝大多数情况下，受到挑衅的人会选择避开或忍让。在"三一一"大地震后，我步行回家途经荒川大桥，一个装束普通的中年男人迎面走来，用肩膀撞向每一个与他相向而行的陌生人，人们要么闪避，要么默不作声。那人也许精神状态欠佳，谁都无计可施。而另一类挑衅者虽没那么赤裸裸的蛮横，但骤然做出的粗鲁动作昭示了内心里积郁的压力与烦躁。挑衅对他们来说，是压抑生活中的一次小小释放。

台湾学者林明德在《日本的社会》一书中指出，日本人因身处的自然风土恶劣多灾，造成心理上的紧张感较强，性情急躁敏感，容易被动员起来而诉诸暴力。现代的都市环境和社会体制带来的压抑和焦虑，可能又加重了很多人精神上的负担。而观看暴力、色情、恐怖影像，成为一种相对简单的缓解方式，这也是在日本此三类题材的影片大行其道的主要原因。

其实暴力在日本文化中的罪恶感有限，但与色情相比，暴力受到的社会压制最力，因为它是破坏集团内部稳定性的最大威胁。压制越大，反弹也越强，一个特征就是想象的暴力泛滥。

已故导演深作欣二于2000年推出的暴力题材电影《大逃杀》是日本二十一世纪以来最富争议的影片，在日本社会各界遭到了广泛批评，甚至闹到险些被禁映的地步。在美国，该片至今未被允许正式公映。在日本，被限定为十六岁以上的人允许观看，并且公映之后，《大逃杀》风波仍旧不断。尤其是几年以后，长崎发生一桩小学六年级女生杀害同学的惨案，震惊列岛，凶手据说就是《大逃杀》的影迷。在舆论压力下，发行公司不得不推迟了影片的DVD贩卖计划。

我看《大逃杀》的第一感，便是联想到了英国作家威廉·戈尔丁得到诺贝尔文学奖青睐的代表作《蝇王》。两者的相近之处，首先要说岛国背景，故事也都发生在与世隔绝的荒岛之上；其次都是少年之间的自相残杀，暴力悲剧连番上演。或许，深作欣二和《大逃杀》原著小说作者高见广春都多多少少受到了威廉·戈尔丁《蝇王》故事的影响。然而，若是读过《蝇王》，不难发现两者的思想深度有怎样的差距。《蝇王》也写少年们的残忍暴力，但是在冷战和核时代的背景下，着眼于探究追问人性的恶，所从何来所到何地；《大逃杀》从一开始的所谓"共和国"政府制定少年们必须互相杀戮的"法则"，就荒谬离奇地把故事置于为了暴力而暴力的境地。面对批判声浪的来势汹汹，《大逃杀》的作者和支持者为求辩解，给影片生硬地添加了大量的思想色彩，例如以血腥暴力的手段达到反血腥暴力的目的，是人生和社会的寓言等等，靠谱的大约只有最后一点仿佛沾边，即社会的压抑氛围下依靠想象的暴力来寻求排遣。

在人类社会的环境下，压抑本来无所不在，对象征打破压抑的暴力的想象，永远都是人的自我排解方式之一，比如中国文学中对"以武犯禁"的武侠题材的偏爱。不过，多数对暴力的想象将重点放在暴力行为的后果，常见的是"匡扶正义""还了公道"。换句话说，暴力需要有道德等前提来构筑其合理性，譬如在吴宇森的黑帮电影那里是所谓的江湖情义。而《大逃杀》式的暴力就像深作欣二之前的作品中经常被提到的一个词语：无意义暴力。

说它无意义，其实有意义，意义在于北野武的一段话。他在戛纳接受采访时谈到自己的暴力电影："我不想误导观众……不想探讨法律的缺失……只想观众享受电影。"观众目睹银幕上的血腥残暴究竟是不是一种享受？如果血腥残暴能帮助观众释放压抑和紧张，那么也许算是吧。

暴力电影是日本电影的一个重要类型，比较知名的导演还有黑泽清、三池崇史、冢本晋也、石井隆、园子温等人。他们的共同特点是影片充斥血腥暴力场面，动不动就血浆迸溅，动不动就人肉横飞，还有折磨拷问的详细展现。范围稍加扩大的话，《花与蛇》这种性虐题材的情色影片也可归为一类。暴力在这些电影当中是不容争辩的主角，创作者们表现出了对暴力的坦率畸恋。

日本暴力电影中一个值得关注的情节是碎尸。碎尸案在现实社会中通常会引起比较大的轰动，一方面其曝光的突然性令人震惊，另一方面，和很多冲动失控的常见型杀人相比，碎尸对于凶手的心理和技术难度的要求都更加严格。所以，碎尸案的动机除了隐匿罪证，还带有更强烈的挑战社会意味。日本平均每年要发生几起碎尸案，有的长期未破，应该说这个发案频率不算异常。但在日本电影中，碎尸的出镜频率高得有些离谱。2000年以来的年度获奖佳作中，《主妇杀人事件》《模仿犯》都有碎尸情节。暴力电影的导演们更是对碎尸场景爱不释"镜"，如三池崇史的《切肤之爱》、冢本晋也的《生死攸关》、石井隆的《不溶性侵犯》、园子温的《冰冷热带鱼》……何以日本暴力电影如此钟情碎尸？我觉得碎尸既是暴力展现的极致，又负载了浓烈的反社会性质。这样的影像对观者的压抑心理有多大的减轻舒缓作用，我不敢妄议。

由于暴力场景的限制，中国大陆的观众无法在电影院内看到这些日本电影，但通过盗版光碟和网络下载，许多人仍旧可以一睹真相。有趣的是，在某种程度上，《大逃杀》如同香港导演王家卫的作品一样，竟然成了一部小资时尚电影。这体现了日本暴力电影"墙里开花墙外香"的境遇，三池崇史、石井隆等导演在日本的声望并不如在海外那么闻名，甚至属于小众性的创作者。可在日本之外，他们却是cult片的旗手，后现代文本理论研究的对象，更诡异的是，俨然时尚的象征。这个命运颇有点像寿司，本来并不算什么好东西，但因为被"嬉皮士"中意，就被贴上了精英阶层的标签。

以《大逃杀》在中国大陆的情况来看，在文化青年聚集的豆瓣网站，三成半的人给予该片五颗星的最高评价，四成多的人给了四颗星。为什么？电影中的暴力和社会主流伦理价值观有所冲突，因而一些热衷于表现自己的另类、独特、非主流的人士，会由于对电影的赞赏来获得身份验证。这种人士表述他们在观影过程中的独到感想（当然是称颂为主，才能显示看到了别人看不到的"内涵"），在无形中给影片贴上了"时尚"的标签。小资人士虽以独特自我标榜，却往往最乐于随波逐流，如果是"时尚"，不紧跟怎么行？于是，《大逃杀》就变成了众人趋之若鹜的经典佳作。假如能从该片中看出微言大义，不啻眼光了得、思想深刻。某位观者的感想是第一次看觉得它是日本变态电影，接下来看了一些评论，才知道其内涵有多么充沛。我倒以为，他的第一感本来没错。

*礼与兵：大学附中的剑道老师在整理装备　／福冈

愈暴力愈美丽？

在从大阪开往上海的客船上，我看了北野武自导自演的电影《极恶非道》，一部黑帮暴力片。就在那之前一个月，公司搬到新地点，四楼有一间住吉会（中文也称住吉组）的事务所，算是和真正的黑帮成了邻居。

住吉会的正式起源，是横滨港码头工人出身的阿部重作在1918年把几家赌徒、打手团体联合起来，逐渐发展成为关东本地的大型黑帮。航运业的码头工人群体，向来是帮会组织易于滋长的温床，如中国的漕运也催生了青帮。今天的住吉会已经发展成日本三大著名黑帮之一，另外两家是山口组和稻川会。按规模论，住吉会排在山口组之下的第二位。前几年，总部在东京的住吉会曾和盘踞关西的山口组发生过几次惹人注目的冲突，原因是山口组的扩张威胁到了住吉会的势力范围。双方在繁华区动枪杀人，一度搞得东京人心惶惶。

既然是邻居，低头不见抬头见，但这些西装笔挺的"道上人士"

一般态度和蔼,举止客气,全无跋扈暴戾之相。也许在我们普通人面前,他们要展示一副对得起自诩"任侠"的形象,只是有人手上残缺的小指,无声地暗示着另一种不同寻常的身份。

黑帮片是日本电影中一个源远流长的重要类型片种,在亚洲只有香港黑帮电影能与之媲美。北野武说他本人是日本目前最出色的黑帮片导演,大概不算吹牛。此前最经典的黑帮片是深作欣二的《无仁义之战》,而《极恶非道》的日语原名为《全员恶人》,看起来都对黑帮鼓吹的"仁义"信条提出了嘲讽。但他们并未像1997年突然自杀的导演伊丹十三一样,被黑帮找上麻烦。我倒觉得黑帮人士或许会喜欢这类电影,因为它们有助于强化平民百姓对黑道的恐惧心理,是另类的主旋律。伊丹十三却在作品中宣扬民众以法律为武器抵御黑帮的欺凌,自然成了黑帮的眼中钉,甚至有传闻称他的"自杀"根本就是黑帮所为。

黑帮的日语书面说法是"暴力团",顾名思义,以暴力团为题材的电影自然少不了暴力。暴力场景在所难免,如何表现暴力就是关键,影像风格的背后可能有更深层的文化意义值得挖掘。《极恶非道》的暴力场景主要集中在影片的后半部,简略地说,上演了一连串别出心裁的杀人方式展览。在现实生活中,日本黑道的公开暴力"抗争"(对抗)并不常见,几乎都以手枪或刀简捷地解决问题,无法想象哪个黑帮成员会采用影片中的手段,用汽车硬生生将对手的脖子轧断,正如也无法想象哪个香港黑道大哥会像周润发在《英雄好汉》中手持榴弹发射器轰击仇家的宅第一样。其实,黑帮片和武侠片类似，多是将故事背景置于超现实的情境当中，借以实现对暴力的想象，但《极恶非道》式的暴力展示显然并不仅仅为了想象。事实上，在包括黑帮片在内的很多日本电影中，暴力都经常表现出高度的仪式性特征，特别是拷打、虐待的场景。就像日本武士传统的自裁手法——剖腹，过程极度残忍血腥，但强调的也是仪式性。《极恶非道》描绘的杀人不如说是处刑，而处刑正是仪式之一种。虽然北野武在暴力场面的前后屡屡设计一些逗人发笑的噱头，看似以"冷幽默"解构或讽刺暴力，实则强化了暴力的仪式感。

为什么要赋予暴力行为以仪式感？我想是出于美化的必要。戴季陶早就指出，日本人非一般地爱美。的确，他们称得上强烈的唯美主义者，并且与王尔德的观点相近，认为美是非道德性的。在日本传统的表演艺术歌舞伎中，部分剧目也有描写暴力的场景，不论杀戮还是虐待，看起来都充满仪式感。我一直觉得日本文化中有一个独特的认识：将仪式等同于美。最典型的是茶道表演，充斥高度仪式性的服装、道具以及动作和表情，看上去很美，被忽略的却是茶的本质。这也令我想起青年时看先锋主义文论，有人提出的一个观点：形式本身就是内容。可是，形式并不能完全取代内容，仪式也并不一定意味着美。

歌舞伎及其前身的能剧当中，仪式化的暴力场景应该与古代宗教活动有渊源。而宗教活动要求的虔诚态度，可能使得暴力的表现效果力求逼真。不妨对比一下歌舞伎和京剧，后者的打斗和死亡场面要的是热闹或抒情，通常不会令观众感到惊恐，而前者的追求可能就在于此，所以并不在乎舞台上人头翻滚或鬼气森森。歌舞伎演员坂东三津五郎曾说："歌舞伎是一种将残酷呈现得很美的艺术，于是就不再让人觉得残酷了。"这或许阐明了日本人对暴力美学的理解，即暴力可以借由美来净化，进而，暴力成了美。

同样，虽然都被冠以"暴力美学"大师的称号，北野武和吴宇森的差异却相当明显。吴宇森的《英雄本色》系列，缔造了香港黑帮片的高峰，也使得他的"暴力美学"影像风格名闻遐迩。但吴宇森的黑帮枪战片毋宁说是武侠片的现代变种，着重动作的美感浪漫以及情绪的烘托，其源流可以上溯到张彻的男性功夫电影和更早的京剧武戏，即便影片中死伤枕藉，血腥残忍的程度倒还有限。北野武则不然，他的影像直面淋漓的鲜血和残酷的折磨，并以不苟的细节、刻意的设计来使暴力产生严肃的仪式性，美不在于暴力的动作，而在于暴力行为本身。不仅是北野武，日本电影中的暴力场景普遍比香港同类作品更加触目惊心，也更加"真实"地表现着暴力本身。黑帮片前辈深作欣二那部争议巨大的《大逃杀》中，就有和《极恶非道》相近之处：被要求自相残杀的少年们被发放了各种各样的"武器"，以便制造各种各样的暴力、各种各样的死法。暴力的意义被抽离之后，注入的是美学，这就导致了对施暴和致死方式的沉迷。

说句题外话，近年来，韩国电影在暴力场景的表现上异军突起，血腥残酷之处还在日本电影之上，但韩国式暴力部分归因于自卑和怨恨造成的心灵扭曲，那是另一个值得分析的社会心理学案例了。

*终与始：剧团学校的毕业照／宝塚

集团与个人

敌·狂

曾在某书中读到一位美国学者的说法,即中国人是真正意义上的个人主义者,我觉得大致没错。近代以来中国的发展历程,也和这种根深蒂固的个人主义有莫大的关系。个人对应的是集体,私对应的是公,中国人似乎总要把个人的私放在更高的层面,这也决定了集体和公的积弱。1999年,中华人民共和国建国五十周年,又是二十世纪的尾声,涌现出很多关于中国百年命运的文章。台湾作家李敖曾有一篇短文,算是一针见血,指出了中国的核心问题就在于个人与集体的关系始终紧张,有时鼓吹大公无私,有时沦为损公肥私,两者之间的平衡点不但找不到,还动辄摇摆到两个极端。这个说法发人深省,虽然李敖在现实生活中的一些作为也显得有点"自私"。

现代民族国家的本质,说穿了就是把传统社会的个人以民族的名义集合成整体,在弱肉强食的竞争中损人利己。这套思想和中国文化的国家观、民族观都有很大差异,所以,中国在面对西方侵略时表现出了极大的不适应。日本则不然，几乎是以比西方更加深入的方式，完成了民族国家的整合与崛起，其基础正在于日本人的集团与个人观念。

　　有关日本人性格的论述，都少不了谈到超乎寻常的集团特性。日本人不管在哪里，都要试图加入一个集团来获得归属感，而且集团内部往往规则完备，等级严明。在中国北京、上海等地较成规模的日本人社群里，有很多以出身地域、身份履历等特点组建的团体，有板有眼地组织活动。和在日本的中国人社群相比，后者不但混乱无序，动机也多半不纯。日本之所以能快速强盛，与这种整齐划一的集团性有莫大的关系。集体行动再加上勤勉认真，则必有成就生焉。中国自被西方叩关以来，跌跌撞撞了数十年，始终难以形成一个坚实的整体，故有"一盘散沙"之讥。后来，中国在各种刺激下终于凝聚起来，却一度滑向了将公私势不两立的极端，一朝神话破灭，两者彻底断裂，中国式个人主义犹胜过往。

　　有个很能表现日本人集团特性的小游戏，中国人不妨试试看。游戏很简单，两群人各自排列成间距一米左右的圆状队形，自由匀速交叉步行，在交会之处互相穿过，却不撞到人，队形亦丝毫不乱。第一次是在电视上看到某大学学生们练习，过程中有不少笑料，但最终成功的表演令人惊奇。说来虽简单，各三四十人的队伍实践起来却相当不易。不仅是大学生玩这个，我还看到中学、小学都有类似操演。应该说，这对锻造个人的集体观念有一定裨益，不只是游戏而已。

　　看完学生的交叉行走，想起一部关于福冈某女子高中的舞蹈社团的纪录片。该社团多次在日本全国高中集体舞蹈比赛中夺魁,平日的训练严酷艰苦,如同斯巴达军营。三十八个女孩的言行齐整到了惊人的程度,而她们在赛前的口号就是:"变成一人,火力全开!"说实话,当时我竟然有点恐惧,仿佛看到了历史上的某个影子。但这些小孩子的搏命般磨炼和团队精神,也让人理解了日本女足何以能在几年内就从亚洲鱼腩蜕变成世界劲旅。

在团队性体育运动中,足球是最能体现集体和个人微妙关系的项目。一方面,球队需要高度的战术组织、协作配合和团体感;另一方面,也需要个人的技术发挥、天赋和经验的表演空间。两个要素之中,前者的突出可以很好地补充后者的不足,太偏重后者却有过犹不及的危险。举例子的话,或许可以想想德国队与巴西队。巴西的天才确实赏心悦目,也有一人扭转乾坤的壮举,但综合性地比较国际大赛成绩,德国无疑脚步更加稳定。在亚洲,日本队之所以能长期称霸,源于他们作为集体已经相当不错,再辅以不俗的个人能力,自然少有敌手。能与之抗衡的韩国队,亦和日本队类似。至于中国队的问题,集体本来就不怎么样,个人能力还有差距,成绩不佳理所当然。

由于独生子女政策,导致中国新一代的集团观念可能比过去愈发淡漠,这是一种需要加以注意的危机。毕竟,人类社会是群体性的存在。老话常说中国人乐于"窝里斗",倒不是没有竞争精神,只是太个人化,忽略了在个体的输赢之上还有集体的较量。在这点上,日本堪称一位很好的老师。

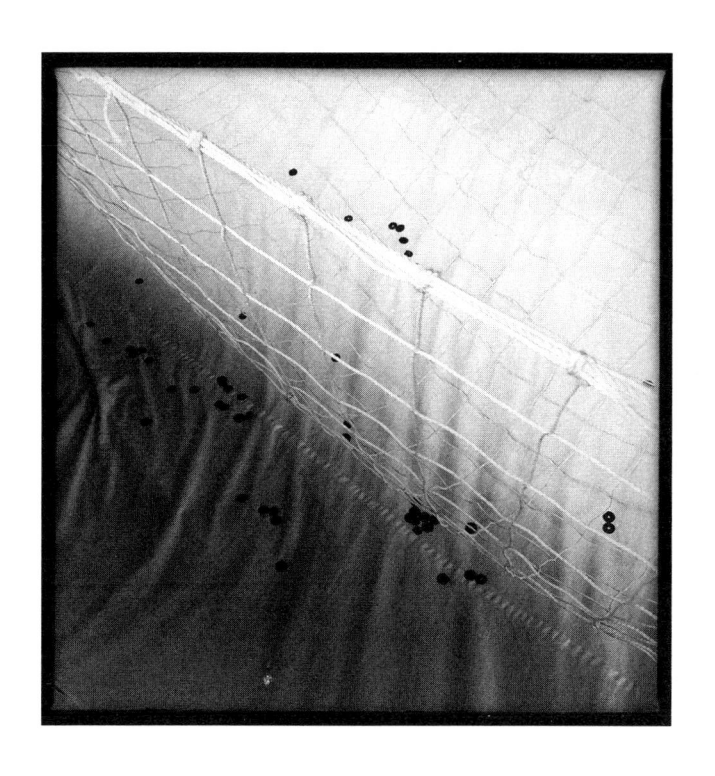

*荣与辱：靖国神社里来参拜的人们投入的硬币／东京

反省真不易

人类最难做到的事儿，非反省莫属。古今中外，概莫能外。

2008年6月8日，秋叶原的加藤智大杀人案发生之后两小时，我就在涉谷车站前看到了被散发的新闻号外。当时，手里正在读的书是荷兰作家伊恩·布鲁玛所著的《镜像下的日本人》，似乎有些巧合。这本书讲的正是日本人的另一面，在伊恩·布鲁玛指出的西方人惯常看到的精巧纤细、美丽温顺的日本之外的另一面：暴力偏执和扭曲变态。

全世界的任何民族，任何文化都不是十全十美、无懈可击的，就像每个人也都自有其心灵的阴暗面。同样，针对无辜旁人的暴力犯罪也是在任何国家都曾经或可能发生的，日本、中国、美国……类似的案例不胜枚举。对于这种来自人性本身的悲剧事件，所有人，不分国籍、种族，都应该给予一个基本的同情立场。但是，在不同的文化和社会背景下，每个案例也会有各自的特殊性，这个特殊性就是那个文化和社会需要加以反思的。

西方媒体对此案件的媒体报道，有一句"同类型事故在日本十分罕见"。这说明了什么？几十年来，日本在西方世界享有"治安天堂"的美誉，得到了广泛的赞誉和羡慕。同时，日本成功的文化宣传与经济发展，也使得"美丽的日本"形象深入人心。但事实上，作为在日本生活较久的外国人，我们当然能够看到那个伊恩·布鲁玛笔下的日本（他曾在日本留学工作多年）。就以秋叶原血案类似的案件来说，2008 年就发生了较大的几起：东京八王子，一男子在书店内突然动刀杀人，造成一死一伤；茨城县土浦市，某男子用刀随意攻击路人，造成二死七伤；东京品川某十六岁少年在商业街动刀伤人，造成五人受伤。此外，在火车站推人落下站台致死，将邻居女孩杀死后剁成肉馅，把无辜小孩从楼上扔下摔死等等，大体属于一个类型。更巧的是，同样在 6 月 8 日，七年前的大阪也有一男子疯狂杀戮了八名小学生。"同类型事故在日本十分罕见"，好像并不尽然。

温柔平和的日本固然存在，狂暴残虐的日本也是事实。伊恩·布鲁玛指出了这一点，可有时候就被日本人称之为"反日"。他说，日本人以本民族的"独特"而自得，认为外国人不可能理解日本人的心思和文化。而这种自得往往会沦为傲慢，并遮蔽了自我反省的必要性。

以发生血案的秋叶原而言，众所周知，除了象征日本商业和技术发展水平的电器街，它还有个身份是"御宅族""女仆咖啡"等怪异时尚的"圣地",而且是沉湎于动漫、游戏的心灵空虚者的乐园。对于这些所谓的"时尚"和"文化"的病理标本,日本社会有没有作出深刻的探讨?浏览日本舆论对秋叶原血案的分析,提出了各种各样的观点。有的说归结于社会人际关系紧张,有的说日本进入了"利己时代",还有的归咎于经济低迷,甚至是可能涉及宗教或凶手过去曾被欺凌的记忆,最无稽的莫过于说什么日本的犯罪正在"美国化"。

这当中,我们很难看到日本人在文化意义上的反思,也谈不上对自身民族性格的追问。或许可以不客气地说,日本在某种程度上一直拒绝此种反思,不愿正视文化中的恶质。举个简单的例子,犯了罪就是犯了罪,却要以"日本独特的宗教和文化"来论证"死者不应该被追究罪责",并由此来推脱抗拒反省的必要。这是大家都熟悉的吧?

1948年,战后的日本社会有一个轰动性的小平事件。事主小平义雄,在东京周边地区连续犯下强奸案数十起,杀害女性七人,被捕后被判处死刑。他以"连环强奸杀人魔"著称,二十世纪六十年代还拍成了电影。值得注意的是他的供述,犯罪原因是"实在无法忘怀在中国战场的那种滋味"。什么滋味?他作为前海军陆战队士兵,在预审供词中承认:刺杀过六名中国士兵,还和四五名同伴闯入民宅强奸中国女性并加以杀害,曾经用刺刀刺杀孕妇,挑出胎儿……

关于"二战"期间日军在中国以及其他战场的所作所为,其实没什么好争论的，事实就是事实。铁证如山云云，历史不容篡改云云，前事不忘云云……废话连篇，虽没必要随之起舞，但反驳需要有点文化含量，仅仅这个小平事件就够了。

正如用"人死了就成神""战争是特殊环境"等理由回避对历史污点的反省责任一样，今天的日本人也可以用种种借口继续回避直面文化与民族性情的痼疾，仿佛他们可以永远享有反省的豁免权。所以，那个狂暴的、狭隘的、病态的另类日本，也就一向固执地存在着。在日本一些网站的留言板上，只要是和中国有关的重大新闻，不管是正面的负面的，往往就会有大批的发泄性言语，其恶毒、残忍，比起这边愤青们的激进言论可谓半斤八两。然而，从公众媒体到普通网民，最常说的话之一却是："中国！反省しろ！（反省吧！中国！）"

中国固然有需要反省之处，日本难道不更是吗？

能否反省，才是文明程度的体现。不单是民族层面，个人亦然。遗憾的是，今天的人类似乎愈来愈自我感觉良好，最终或会幡然醒悟，奈何为时已晚。

*仪与诚：酒店外的迎宾人员，高度仪式化的服务／熊本

精英和普罗

日语里的"先生"一词，和中文字同意不同。中文的先生称呼虽有尊敬之意，但几乎人人得以用之，属于常用的礼貌用语。而在日语里，"先生"却不是随便能用的后缀，一般仅限于议员、医生、教师、律师、文艺家等人。初来东京时，曾留学中国的日本朋友告诉我不要乱用"先生"，因为有时会让对方误以为暗含讥讽，反倒不快。有趣的是，中文里"先生"虽指男性，但也可用于一些有成就的女性学人，比如常见的"杨绛先生"。这倒是和日本相类了。

以上所述的几类人士，或可算作日本社会中的精英阶层。"先生"是精英们的专有称号，不能冠在普罗大众身上。这或许从一个具体而微的角度，显示出了日本精英与普罗阶层之间的界限。

日本在封建时代，是一个等级界限相当森严的社会，其顶端的武士甚至可以因礼节不周而随意斩杀农民。尤其是德川幕府时期，建立了士农工商的阶层体制，士族的整体大约只占总人口的5%—6%，却拥有最尊贵的地位。与之相对应的是被称为"非人""秽多"的部落民群体,这些"贱民"主要从事屠宰、皮革加工等工作,艺人亦包括在内。明治维新之后,日本政府提出四民平等,但"士族"作为身份,一直到"二战"结束仍被登记在户口簿上。当然,士族也是统治阶层的主要构成部分。战后的日本社会平等性更加增强,但等级观念和贵贱意识还是根深蒂固。举个有趣的例子,昔日的"贱民"(部落民)组成了"部落解放同盟",在他们的压力之下,"士农工商"这个词居然成为媒体不能提及的禁用语。从正面的角度来看,好像意味着对身份歧视的拨乱反正;换一个角度思考,这种带有日本式滑稽色彩的"禁用"反而说明了歧视现象的深刻存在。

在日常生活中,还有个体现尊卑意识的是所谓"有名人"的说法,与之对应的是"无名人"。"有名人"往往被视为信用可靠,并能得到更多的尊重。名人崇拜各处皆有,但日语中的"有名人"带有强烈的身份象征意味。

精英和普罗在生活上的区分,也是比较明显的。以东京为例,23区之中,几乎是贫富各居其所。数据显示,家庭平均收入最高的港区竟然是倒数第一的足立区的三倍以上。问一个东京人的住所何在,虽然不能说百分之百地估量出他的经济状况,但大体上不会太过离谱。那么,一个令中国人敏感的话题出现了:日本的精英与普罗阶层之间有无矛盾?直白地讲,日本的穷人仇富吗?

答案基本是否定的。一方面,在日本的经济发展过程中,劳动阶层的物质生活水准亦迅速提高,所以日本的贫富差距并没有特别严重，即所谓两头小中间大的"中流社会"。另一方面，不容忽视的是日本的文化因素，也就是历史上社会阶层意识的影响，这一点尤其值得与中国比较。

美国前驻日大使埃德温·赖肖尔曾任哈佛大学燕京学社社长，在东亚文明和历史的研究方面颇有建树。他曾论述过中国与日本的现代化进程的差别，着重提到了社会阶层意识的作用。他认为，就政治形态的表象来看，十九世纪前的中国是比日本更加进步的，一大特点是平等主义，"具有相当的社会流动性"。纵然是贫困农民的子弟，一旦通过了科举考试或军功的历练，便可跻身上层社会。但是，日本"则有极严密又闭锁的封建阶级"，看起来要较中国落后，可貌似落后的日本竟然在现代化之路上跑得飞快。赖肖尔指出，中国的平等主义观念是一个重大障碍，统治阶级的开放性并非好事。相反，日本的阶级固定身份导致他们确立了属于自己的伦理观，在本行业内投入全部精力，这种束缚反而有利于社会发展。

赖肖尔提出了"目标志向型"和"地位志向型"的两种模式，前者以达成某一个目标为理想，后者则追求社会地位。在他看来，日本人以"目标志向型"居多，中国人则属于"地位志向型"，两者的发展分别亦由此而生。日本人在封建体制下不能改变自己的身份，但各司其职，各尽其能，各安其分，对现代化转型有很大的助力。中国人在平等主义的庇荫之下，都想谋取功名，出人头地，却妨害了社会的发展速度。

举个不是很恰当的例子。几个人把拴上绳子的数颗小球放入一只颈部狭小的瓶子里,如果各人按照规定的顺序逐一将小球抽出,熟练之后会很快捷解决,但倘若没有规矩,人人都要先动手,必定会阻塞在瓶颈动弹不得。

不得不说,赖肖尔的观点纵使有很大夸张,却点中了中国文化的一处缺陷。今天的中国人在原有的官本位旁边,又加了一个钱本位,"地位志向型"的标志变成了权与钱。而日本尽管在战后经受了新的变革,但隐藏在深处的阶层意识仍然多少发挥着正面的作用。以企业为例,很多日本人可能会安心于在一家企业中从事基层工作,也会保持着对企业的忠诚,这种本分和老实构筑了日本企业、特别是大企业的竞争力,也维持着社会的稳定。而中国人在此点上的表现,和日本人恐怕差异不小。"与其给别人打工,不如自己当老板",这样的观点道出了中国人的观念,然而,世界归根结底是打工的人在建设维护,不可能人人都是老板。

*行与止：两个等待的男人，站姿标准　／广岛

以貌识人

有一年去香港，突然脑壳坏掉，按照手里日文的导游小册子指点去了一家海鲜酒楼，结果按图索骥的菜肴全不是那么回事，和邻座的本地人比起来迥然不同。我心里明白，自己被当做日本游客挨了宰，因不想多事就没与店家理论。翌日出门问路，好心的中年女士居然冒出一句日文"你好"，我赶紧验明正身：吾乃中国同胞是也。

这些年经常被误认为日本人，不管是在中国或日本。最有意思的是一次去某小店订东西，需要留下姓名，我说了姓王，店主却在凭单上写了个日本姓氏"大野"。我开始一愣，随即意识到是发音相近的缘故。后来和朋友开玩笑，自我介绍就叫"大野"。书上讲南北朝时的北朝，鲜卑族人也有这个姓氏。

屡屡被视为日本人，使我开始琢磨日本人与中国人的外貌差别。此前虽没想过这个问题，但一向以眼光善识同胞自诩。数年前去国立竞技场看丰田杯决赛，后排有两位姑娘和两位日本男子并坐，我对朋友说她们是中国人，朋友不信，中场休息时果然听到她们用中文交谈起来。朋友问我何以看出，我说诀窍全在眼神。

中日及朝韩这三地民众，本来在种族血统上差异甚小，对于西方人来说，从外表基本上分不清楚有何分别。以我观之，朝鲜半岛的人民尚有些独特之处易于分辨，比如男子传统的脸型。女子的话，不妨注意有无整容痕迹。中日人民之间，在相貌上的本质差别确实不大，所不同者在于气质。最首要的，莫过于着装和眼神。

着装一项，过去的差异尤其明显。比如看到脚上的尼龙袜，便可上前相认；比如将T恤衫掖在裤腰里面，倘若手中再执一小包，必是吾国干部无疑。现在中国制造的衣物已经征服了世界，但许多国人的穿着仍旧存在不符场合、不合搭配等问题。日本在时装设计上算是东亚流行风潮的重镇，可是在日本的街市上，较少看到颜色或样式出位另类的打扮。尤其是男性服装与鞋，大体上保守传统，却看起来整洁利落。假如说二十世纪八九十年代，中国人的着装因为"土"而显得"俗"，如今反而会因为过分的"洋"而"俗"了。这当中折射的问题，一方面是美育的不足，另一方面是对公共生活规范的不在乎。我见过不少来日访问工作的中国文化界人士，和日本同行会面时的休闲装束，如文化衫、大短裤和凉拖鞋，易让对方心生误解。

所谓眼神，也包括神情和举止。在公众场合的成年日本人，普遍显得沉静木讷，如果没有在看书或盯着手机以及与人交谈，大抵眼神空洞僵直。这绝不是贬义。而中国人之所以易于区分，正在于那眼神的丰富性与活跃性。这也不是褒义。在年纪较轻的人身上，常常会体会到一种躁动感，有时真的是浮躁。在年纪较长的人身上，则可能会看到一种很复杂的情绪，来自其不一样的生活经历。

但是，这个办法也未必百分之百有效，至少对九零后的小姑娘来说。来日的新一代中国留学生里，有些女生从小就受到日本流行时尚和影视作品的影响，外在修饰与日本同龄人几乎没有差别，内在也差不多同样空洞，就很难分辨出她的身份。不过，且慢，还有一招杀手锏：内八字。中国女孩若非自幼生长于日本，很难染上这个走路或站立习惯。

许多外国人来日本，都对年轻女孩子的内八字印象深刻，有的甚至给予严厉的恶评。确实，在生活中我也见过颇多极为严重的内八字女生，已经导致腿脚畸形，估计骨头都变了形。俗语说脚正不怕鞋歪，我看是脚歪不怕鞋正。日本人自己也意识到了这个问题，并试图探寻其根源。传统日本女性也存在内八字的现象，一方面是和服束缚使人必须要走小碎步，另一方面榻榻米上的久跪也把双脚压得朝内蜷曲。可是，今天的日本年轻姑娘，既很少穿着和服，也减少了榻榻米跪坐的时间，何以会有如此程度的内八字呢？

一个说法是年轻女生们觉得内八字的走法或站姿显得"可爱"，因此成了风潮。而一旦大家纷纷效仿，自然就约定俗成，不是内八字的也要扭转自己适应潮流。据说女星伊能静在台湾录制节目时以内八字站立，被主持人问到缘故，答曰，在日本好多女生都是这样……

与外八字相比，女性的内八字在站立或端坐时更显娴雅一点，但走起路来我觉得都差不多，并无后者更加可爱的感受。相反，倒会替走路的女子觉得累。再加上高跟鞋，这和中国过去的缠足没什么分别。走路嘛，堂堂正正地走就是了。

大核民族

日本的古怪之处，在于既是唯一被核能武器攻击过的国家，又是个孜孜利用核能满足贪欲的国家。自广岛、长崎的悲剧开始，核的阴影数十年来萦绕不散，最终又酿成了巨大的祸端。

军国主义还会来？__056

右翼是个什么玩意儿？__061

不是日本人的日本人__066

昭和天皇的白与黑__071

太子妃如果要离婚……__077

领导的缺席__083

大核民族__089

2011年3月11日14时48分__094

东电式败局__099

买的是恐惧__105

被忽视的大正时代__111

诸侯的崛起__116

错、错、错__122

转向__128

从中流到下流__133

钱从何来？__139

商贾之力__145

松下政经塾的故事__151

*漠与默：靖国神社外的一个法事会场　／东京

军国主义还会来?

敲·钰

这恐怕是很多人非常关心的问题。不仅在中国、韩国,也包括了美国和东南亚。毕竟,日本在上一场战争中的表现,给世界留下了深刻的印象。对于战后美国对日本的战争罪行未能彻底清算的原因,多数的观点是强调美国意图利用日本对抗苏联和中国,把它作为"反共桥头堡"。然而,单纯的政治理由还不够充分,不容忽视的是美国人内心里对日本这个对手的"敬畏感"。

有一年去参加汤姆·克鲁斯《最后的武士》的见面会。该片英文原名为 The Last Samurai,"Samurai"的日文汉字是"侍",即武士。在各国记者提出的问题中,几乎都涉及日本的"Bushido(武士道)",特别会问到汤姆·克鲁斯为何以美国人身份选择这个题材。汤姆·克鲁斯和导演爱德华·兹维克都为武士道精神大唱赞歌,称他们历来对日本传统文化和武士精神钦佩有加,更为此片研读了大量相关资料。汤姆·克鲁斯说他已可以就这个话题滔滔不绝地谈上几个小时，并希望今天的年轻人能奉行武士的诚实、忠诚、乐于助人等传统美德。

虽然这些说辞不乏人在日本而着意客套的成分，但日本的武士道确实在西方有较大的影响。一些专有名词，如 harakiri（切腹），都由日语发音进入了英语词汇。究其原因，一方面是日本以财力为后盾，加强对外文化宣传的效果；另一方面，以武士道思想武装的日本军队在历次战争中的表现，得到了对手的敬畏。

尽管日本在甲午战争和日俄战争中的相继胜利，为自己挣得了一个列强的席位，但在欧美列强的眼里，仍旧是难免遭到歧视的有色人种，并未被当做平等的对手。这个境遇在"二战"之后得到了根本性的改观，因为欧美人被疯狂的日本人吓住了。

被关押在中国沈阳集中营里的美国战俘罗伊·威尔回忆，美国空军空袭那天，他看到一架受创的日本战斗机毅然撞向了一架 B-29 轰炸机，爆炸的碎片从天而降，"简直让我敬畏，这是唯一一句我所能用来形容的话，一种致命的敬畏感"。此后，面对连人带机一起俯冲下来的"神风特攻"，西方军人感到了巨大的心理冲击，这可能远远大于它造成的物质与生命损失。英国太平洋舰队的情报官员甚至提出了一个古怪的点子：把日本天皇的肖像画在盟军战舰的船舷上，以此来避免特攻队的自杀袭击。当然，这个主意没有被付诸实施，却毫无疑问地表明他们被吓到何种程度。所以，在东京审判期间，美军第八军司令官罗伯特·艾克尔伯格中将说了一句或许是发自肺腑的话："日本兵是军官们梦想拥有的士兵。"

军国主义的基础是军人，那么，今天的日本军人又是何种状态？理论上讲，日本只有自卫队，没有军队，但两者实为一回事儿。不过，自卫队自卫官的性质在法律上的定义，是一种特殊的公务员，和军人又有点似是而非。在日常生活中，也经常能看到募集自卫官的广告。我曾陪中国记者采访过陆上自卫队的宣传中心，负责接待的一位军官很和蔼，还和我们开玩笑说他的职务颇受同袍羡慕，因为一起工作的多是年轻女兵。我在觉得他为人亲切的同时，亦想：现在的日军待遇优渥，社会平和，是否还会有过去那股狂热的凶悍之气？

说实话，令我自觉找到答案的是地震之后福岛核事故中自卫队的表现。

自卫队的最高统帅是首相，然而在首相要求自卫队派遣直升机和人员前往福岛救灾时，竟然一度遭到了回绝，理由是"担心危害自卫官的健康"。我还记得看到这个报道时的哭笑不得的心情，后来，自卫队作秀般地派出几架支奴干直升机，在核电站上空象征性地投洒了一些海水，我再度哭笑不得了一回。

自卫队最初派出了一百多人的特殊武器防护部队到福岛现场，随即撤离，因为他们只会应对核武器，不懂核电泄漏。自卫队官员则抱怨东京电力隐瞒实情，不能让自卫官白白涉险，但可以把核防护服借给上阵的警察与消防队员。在媒体的嘘声之下，终于安排了几次直升机洒水，但众目睽睽之下，装了防辐射设备的直升机如泥鳅般沾边就溜，接着更拒绝出动……任何人都会发出疑问：这是日本军人吗？如果他们仅仅是普通的公务员，倒也罢了，但自卫队作为武装力量是不争的事实。对比苏联军人在切尔诺贝利核电站事故中的表现，日本自卫队显得过于那个了。

战后的长期和平和富足生活，使得如今的日本人，尤其是没有战争记忆的年轻人缺少了军人的气质。这不值得奇怪。另一方面，美国对日本政治体制的改造加上驻日美军的存在，亦是阻碍军国主义在体制上死灰复燃的决定性因素。所以，至少在相当长的一个时期之内，日本重现过去军国主义那一幕的可能性是很小了。

可是，军国主义复活的概率不大，并不等于日本不会和别国发生武装冲突。日本人的性格里冲动易怒的负面因素，以及过剩的焦虑感，可能会导致日本在某些局面下做出错误的决断。特别是《日美安全保障条约》的存在，让日本或许会有反正有大哥撑腰买单的放肆心态。就目前来看，此类风险有逐渐加重的迹象。与军国主义时代截然不同的是，日本周边的国际形势早已发生了根本性变化，日军一个师团或一支舰队就可以在东亚横行无忌的场景成了历史，这是当代日本必须认识到的现实，否则会给自己造成极大的麻烦。

＊正与反：
大阪神社里的一个男人／大阪

右翼是个什么玩意儿？

最初留学的日语学校，毗邻东京饭田桥的日中友好会馆，听说那块地皮是当年伪满洲国皇帝溥仪购得，为了兴建"善邻会馆"，战后的所有权被转移给了中国。此地的一个特色是右翼组织的街头宣传车常常光顾，大喇叭里要么声嘶力竭呼喊反华口号，要么播放进行曲风格的旧军歌。1996年秋，港台保钓人士首次登上钓鱼岛，令日本右翼组织深受刺激。接下来的数日内，大批黑色的宣传车围着该地域转圈叫骂，某一次差点和我们发生了冲突。

我还记得那是个矮小的中年男子，把手中的饮料罐一扔，骂着"支那人滚回去"就要和我们动手，这边几名中国留学生也准备一拥而上，但被学校的日本老师们竭力拦住。校方报警之后，警方派出了手持盾牌、头戴钢盔的机动队，让我们"享受"了几天高级别的"护卫"。前几年，小泉首相任内中日关系一度恶化时，我的那所母校还遭到右翼分子用钢珠枪的射击，在校门的玻璃上留下了两个弹孔。

那次算是和右翼分子有了直接的"交流",此后更见过很多这类人等,尤其是每年"八一五"的靖国神社周边,冷眼旁观之下,只觉得他们和别国愤青一样粗鄙而且滑稽。我也简略翻看过一些右翼的理论刊物和书籍,通常若非一团自相矛盾的糨糊,就是流于荒诞不经的发泄,文化程度较低。即使是石原慎太郎这样顶着著名作家头衔的右翼,应该算是知识分子,可一旦涉及某些话题,便迅速沦落为妄言不惭的愚夫。这种现象绝非日本独有,在中国和世界上任何地方都广泛存在。当偏激的民族情绪分泌物涌上脑袋,博士能变成白痴,常人亦可化身暴徒。窃以为,这是人类普遍的主要劣根性之一。

把右翼的概念落实到一些秉持鲜明意识形态立场的具体团体或个人,他们在今天日本社会中的影响力是一个不容忽略的存在,了解这个特定的群体,仍然有重要的价值。

从意识形态角度看右翼,其实是个大箩筐,什么货色都能装。其基本原则大约有三项:首先是"国体护持",讲爱国尊皇(抽象意义上的天皇),讲大和民族的优秀和独特。其次是反共,源流可以上溯到战前的"正统右翼",同时也反日本国内的左翼。战后日本的左翼社会运动一度声势浩大,是右翼针锋相对的敌手。第三是排(仇)外,这或许和岛国特殊环境影响有关,造就了对外来者"入侵"的恐慌心理积淀。不过,虽然有这三项原则,具体到现实当中,右翼阵营内部的思想背景与立场还是五花八门。我不是写作论文,只能略述一二。

　　日本右翼思想的源流来自江户幕府末期的国粹主义和皇国史观，也是对外来势力威胁的反应。应该说，在西方殖民者从军事、经济、文化等全方位入侵东亚的客观境况下，作为一个长期与外界几近隔绝的岛国，民族主义的勃兴是很正常的结果。然而，日本民族主义思想的特点是其主流立即与对外扩张的"国家权益"联系到一起，具有强烈的侵略性。如果继续深入分析，日本在"二战"前的右翼发展有两个派别。前期占据上风的是脱亚入欧思维主导的右翼，明治维新时的思想家和政治人物多持此见，他们追求的是日本加入西方列强俱乐部并能平起平坐，把日俄战争的胜利当做拿到了通行证，而代表贫穷落后的亚洲只能作为日本的殖民地被其压榨占有。日本的归属感围绕着西方的"先进文明"，亚洲则是不屑与之为伍的"低等民族"。后期占据上风的是渐趋极端化的国粹主义思维，最终将日本导向了穷兵黩武的军国主义体制。这一派的思想本质上是种族主义的，最为荒唐。他们认为大和民族是天照大神的子民，日本人有天生的优越性和优越感。不论中国还是欧美，日本都要说"不"。

　　与上述两种右翼立场并存的是亚洲价值观思维。亚洲价值观至上的保守人士反对外来的殖民主义者，想要捍卫亚洲，尤其是东亚文明的独立性和荣誉感。因此，这类右翼组织支持过中国孙文等人的政治活动，企图"帮助"中国由传统帝国向民族国家转变，共同对付欧美列强以胡萝卜加大棒方式强制推行的西方价值观念和游戏规则。"大东亚共荣圈"这个名词后来变得臭名昭著,其本来含义却着实带有理想主义色彩,是亚洲价值观思维右翼的精神纲领。具有讽刺意味的是,此类右翼人士看上去是非主流的"义士",却常常有意无意成了被利用的工具,他们的理想主义色彩先后被另外两种右翼偷换内核,喊着"解放亚洲人民"的口号而行殖民侵略之实。

以上说到的战前右翼团体,被称作"正统右翼"。还有一派"任侠右翼",属于被官方或财阀收买,打击对抗民权运动的黑社会打手。战后在美军的管治下,右翼组织一度遭到了取缔和打击,但随着冷战的展开,日本保守政治势力快速复苏,右翼也随之重现台面,还衍生出鼓吹"体制变革"的"新右翼"、与新兴宗教紧密结合的"宗教右翼"等新的类型。不管是什么派别类型,最简单的标识是他们对外国和外国人的态度。同样是右翼,有的反美(尺度把握得很谨慎,口头牢骚为主),有的亲美;有的反韩国,有的主张"日韩友好"。能够凝聚"反"的共识的,大概只有中国、朝鲜和俄罗斯。

右翼虽以"爱国志士"自居,品格却并不高。给别国驻日外交机构寄上两颗子弹,要么扔个火焰瓶或碎砖瓦,此类伎俩现在仍偶有发生。过去的历史更"辉煌":打伤过全权特使李鸿章,还差点要了访日沙皇俄国太子尼古拉的命。而这些都发自所谓"大义",说明全世界的愤青都有一个特点,就是乌鸦站在猪身上——看不见自己的黑。

*神与凡:一座颇有古意的小庙／长崎

不是日本人的日本人

李忠成,韩国裔日本国脚,在2011年亚洲杯决赛上绝杀澳大利亚队,为日本队再次称霸亚洲立下首功。他的名字读音没有按照韩国语的本来发音chungsung,采用了日语发音的tadanari,但保留了韩国的姓氏。作为一位韩国裔球员为日本争得了荣誉,他瞬时间成了焦点人物,俨然是日本社会对待外国裔族群宽容多元并助其成就梦想的象征。

从血统上说,李忠成不是日本人,但像他这样不是日本人的日本人,实则遍布日本社会。最著名的莫过于经济界的巨头、软银集团董事长孙正义,祖上为移居韩国的中国人,后辈又迁居日本,他的名字和李忠成一样,"正义"用日语发音masayosi。还有一些韩国、朝鲜裔人士则有两个姓名,如乐天集团的创建者重光武雄,韩国名字是辛格浩。中国血统的日本人中,成就最为显赫的应该是方便面的发明者安藤百福(出身台湾,中文名吴百福),他缔造的日清食品是日本最大的食品企业之一，资产高达四千多亿日元。

其实现代日本人的概念，是西方的民族主义思想流布东亚之后的结果。如果以血统论，除了北海道的阿伊努人和冲绳原住民之外，所谓的日本人和东北亚其他黄种人系出同源。前首相羽田孜自称祖先是秦帝国时期的大陆移民，他的姓氏发音"hata"，与"秦"的日语发音相同，而秦这个姓氏也有，如著有《日中战争史》的日本历史学家秦郁彦。但本文所讲的不是日本人的日本人并非古代移民，而是现代以来的一个独特群体，概括言之，主要是"在日"朝鲜半岛裔人士。

由于北海道和冲绳的原住民人数颇少，一般都认为日本是单一民族国家，不过，在日朝鲜半岛裔人士或许可以算作一个重要的少数民族。官方统计数字显示，日本国籍的朝鲜半岛裔约有三十万人，持永久居住权的还有四十多万人。实际上，隐性的祖籍朝鲜半岛的人数远超于此。尤其是文体娱乐圈的名人，经常听到某某是"在日"（几乎是专有名词）的说法，有的确凿，有的无稽。近年来，虽然在日中国人社群的人数规模已经超过了持韩国、朝鲜国籍者，但在影响力上远远不能与他们相比。这既有历史的原因，如来日时间不长、社会关系贫瘠等，也有其他因素，如不够团结、短期暂居心态强等。

"在日"当中，不仅诞生了软银、乐天这种商业巨头的开创者，事实上，朝鲜半岛裔在日本的知名人物相当不少，特别是受人瞩目的文化、娱乐、体育领域，像东京大学教授、《烦恼力》作者姜尚中，电影导演崔洋一（主要作品有《导盲犬小Q》等），棒球运动员张本勋等等。最能体现朝鲜半岛裔影响力的事例，是他们长期以来一直在推动"在日"外国人获得地方选举权，并且得到了一些政界人物的公开支持。由于其他的"在日"外国人对参政权兴趣不大，因此这个活动基本上就是朝鲜半岛裔在摇旗呐喊。讽刺的是，反对给外国人参政权的右翼势力，却把抗议谩骂的矛头指向了"在日"中国人，这也是日本式"欺软怕硬"的表现。

说到右翼，还必须提到一个有意思的现象：朝鲜半岛裔的右翼成员。中国人在日本比较容易接触到的右翼活动，就是街头播放军歌或演讲的黑色宣传车，被称为"街宣右翼"或"行动右翼"。对此，中国人大多是一笑置之，并认为他们是拿工资的另类"上班族"。不过，若说他们中有不少是"在日"朝鲜半岛裔，恐怕会令人感到惊异。大家或普遍觉得，朝鲜半岛裔因为前人曾背负日本殖民统治的伤痛记忆，对日本的态度会趋向强硬。但前公安调查官（日本的国安官员）菅沼光弘在东京外国记者俱乐部发表演讲时语出惊人，称"街宣右翼"中"在日"朝鲜半岛人和受歧视的部落民后裔占了九成以上。这一事实也得到了一些同为"在日"朝鲜半岛裔人士的证实。2004年，右翼组织日本皇民党成员曾开车撞击中国驻大阪领事馆，被警方逮捕的皇民党行动队长高岛匡，实为韩国国籍，韩国名叫高钟守。

日本右翼有那么多的韩国朝鲜裔？听上去有点荒诞，却有其社会心理学的动因。"在日"朝鲜半岛人在日本社会中曾是备受压迫歧视的族群，这增强了他们的集团凝聚力，导致成立了不少黑社会组织。另一方面，越是被压迫歧视，却越可能形成一种扭曲的身份认同，显露出比主流社会更偏激的保守意识，以此来显示自己的"忠诚"认同。简而言之，虽然他们在血统上不是日本人，却要表现得比日本人更像日本人。这种心态在其他社会的少数族裔中也有体现。像"二战"期间的欧洲战场，美国陆军第36步兵师辖下的第442步兵团，全部由日本裔美国人组成，伤亡率高达314%，其勇悍善战超乎想象，居然是上百万美军中受勋最多的部队。

最近几年，韩流盛行于列岛，在东京的新大久保地域形成了客观上的"韩国城"，也因此招来日本右翼频繁的骚扰，警方每次不得不调动大批警力戒备。在高呼"杀死韩国人""滚回朝鲜半岛"的人群当中，不知道有没有韩国或朝鲜裔。不管怎样，被盲目的仇恨与偏见所摆布驱使的人，都是可悲的，右翼愤青皆如此。

*恍与惚：神社上空的飞鸟／大阪

昭和天皇的白与黑

回顾日本从"九一八"事变到密苏里败降的"十五年战争"史,最大的一个不解之谜,恐怕要算是昭和天皇(裕仁)的战争责任问题。简略地说,在整个国家全面转向战争轨道之际,他的内心真实想法究竟为何?当他本人在世时,这是一个众说纷纭的谜;当他作古二十余年后,仍然如此。

裕仁正式登基是1926年,但实际上因为其父大正天皇病重,早在1921年就已经摄政。1923年关东大地震,他在巡视灾情中曾被左翼激进人士难波大助行刺,子弹从他身边擦过。这或许警示他虽然贵为"现人神",身边仍旧危机暗伏。而最大的危机,还是明治时代的元老重臣凋零殆尽,他开始处于一个极其微妙的位置之上。

明治维新的真正领导核心是一批倒幕派中下级武士,功成名就后成为帝国元老,对天皇、对军队、对党派、对平民,皆拥有极大的影响力。年轻的天皇裕仁在平民眼里固然是遥不可及高不可攀的

"现人神",但元老西园寺公望(伊藤博文的得意门生)竟可以公然"指正"他。当然,对于奉天皇为最高统帅的军人势力的猛烈扩张,势单力孤的西园寺公望最终也无能为力。这里不难看出日本明治政体的奇特与弊端,也反映了彼时中国精英阶层对日本问题的不求甚解。

当时的中国舆论主流认为日本的政体是君主立宪制,更把所谓"宪法"看作日本迅速走向富强的要因,这是典型的肤浅观察,今天仍有余波。事实上,明治政体的本质就是少数人掌控的高度军事独裁。它和一般的欧洲式君主立宪制迥异,提出了一个以天皇为顶点(大元帅)的不容侵犯的统帅权概念。在这面大旗之下,政务部门根本无法指挥、干涉军方事务。因为陆军的参谋总长和海军的军令部长是真正掌权者,他们直属并辅弼天皇。反之,军方可以通过内阁中的陆军大臣、海军大臣人事变动,达到左右内阁稳定的效果。在明治和大正时代,维新元老集团奉天皇之命总揽军政,所以看不出什么不妥。昭和时代,因元老们的退场,天皇、军队、政党三者之间的粘合力减退,问题就接踵而来了。三者中,神格化的天皇是超越一切的,而军队与其紧密相连,政党,或者说社会的力量自然是最弱的一环,被压制可算顺理成章。

因为天皇与军部的关系实在特殊,于是,要想确定裕仁天皇到底有没有战争责任,就要在此环节上深入发掘。裕仁死后的1992年,日本学者吉田裕出版了《昭和天皇与战争责任》一书,我以为堪称此一问题的最佳著述,有心人不妨品读。

在日本败战后的几年里,天皇的战争责任确实曾是一个复杂课题。有人认为裕仁罪无可赦，有人觉得他情有可原，有人希望他退位甚至受审，有人期待保皇并"护持国体"。为了自保，裕仁发表了类似回忆录性质的长篇谈话，即《昭和天皇独白录》，极尽辩解之能事。但最终，决定他命运的是出于国际战略考虑的美国人。冷战的展开，使得美国需要日本这个反苏反共的基地和工具，为了更有效地统治日本，便不再追究天皇的战争责任。

  历史学家黄仁宇曾引用蒋介石日记中记载，谈及 1935 年日方强迫何应钦签订《何梅协定》后，裕仁在中国驻日大使蒋作宾呈递国书时对蒋私下破例道出："此次华北事变，实对不住；对汪蒋二公之苦心深表敬佩，烦为转达。"史料亦记载，在 1941 年决定对美英开战的御前会议上，裕仁对军方的战争决定表示遗憾，从口袋中掏出一张纸，吟诵了明治天皇以"四海之内皆兄弟"为主题的短歌一首，然后退席。2006 年，日本媒体以显要篇幅报道了已故前宫内厅长官富田朝彦的日记，记载裕仁曾对富田说，因为 1978 年靖国神社将甲级战犯合祀，他再也不去参拜。凡此种种，表现出的都是对战争和主导战争的军方的反感。可是，历史更加清清楚楚地表明，裕仁从未对这些他所反感的东西做出明确的对抗。一方面，他是"现人神"，拥有军队的统帅权，他的决策被称为"圣断"，"忠君爱国"是军人最高守则，士兵们战死是为了他而献身；另一方面，他的意见并未得到有效遵从，军方一些策划他根本无从得知，少壮军人、右翼分子更以"清君侧"为名击杀首相大臣。两相对照，形成了一幅扭曲到荒诞的诡异图景。所以，关于裕仁的战争责任认定，出现了各执一词的困境。解脱责任的观点认为裕仁是军部操纵下的傀儡，无力改变局面；强调责任的观点认为裕仁有能力扭转大局，与军部根本就是一丘之貉。两种观点都能找出相应的例证。前者如对美英开战的御前会议，后者如关东军暗杀张作霖之后，他的不满令田中义一内阁总辞职。

归根结底，这种扭曲除了在日本当时的政治体制中寻求原因之外，还必须看到裕仁的个人因素。他的性格特点，简略而言就是懦弱。1928年，裕仁的岳父临终前曾对女儿说："今上有时意志薄弱，须皇后内助。"这位老丈人应该说眼光很准。

裕仁的爱好是研究植物学，寡言少语，用今天的话来讲是比较标准的"宅男"。加上天性懦弱，他才会对军方如此纵容。不过，也有例外的时候，比如"二二六"兵变（1936年2月26日发生于日本的一次失败兵变，由极端狂热的法西斯少壮派军官发动）后，他对打着效忠天皇旗号的叛军首领严加镇压。在日本一直有传闻，说叛军有意图拥立裕仁的弟弟秩父宫雍仁亲王，所以令裕仁震怒。雍仁亲王和裕仁性格完全相反，喜爱登山和网球，在社交界颇为活跃，更顶着陆军少将的军衔，和陆军中不少将校交好，有关他的风言风语着实不少。也许在裕仁看来，军方废立的威胁是现实的存在，他在处理和军部的关系时必得小心行事。

懦弱的性格辅以畸形的体制，裕仁在日本朝着失速状态的疾行过程中采取了差不多听之任之的态度。据说，他在晚年曾对太子明仁（现平成天皇）的家庭教师说过后悔没有制止战争。因此，尽管他从内心里可能不完全赞同侵略和战争，道义上的责任仍是绝对无法推卸的。

今天虽然没有了军部，但保守势力还在，与天皇之间的扭曲亦然。保守势力多年来一直在推进国歌（《君之代》）国旗（日之丸）法案，石原慎太郎执政期间的东京都还屡屡惩处有分歧意见的教师。可明仁天皇本人不但质疑"强制教育"的必要性，还少有地批评政府处理不当。这个现象也从侧面说明，战后美国主导的日本政体改造的实质，从保守势力执政上讲是换汤不换药，最大的区别是将天皇彻底抽象化了。假如抛开美国的外界因素，这种体制意味着执政者很难再利用神格化的天皇，但同理，天皇也不易对政治决策施加影响，倒有点回归幕府体制的意思了。

*独与群：一位妇女在向女伴们讲述着　／大阪

太子妃如果要离婚……

从英国王室的哈里王子结婚引起的全球舆论关注程度来看，人们对皇家的婚丧嫁娶还是普遍抱有强烈的兴趣，特别是帝王或王子的婚姻。随着时代的发展，帝王与王子、公主的婚恋对象早已不再局限于血统高贵的贵族门第，但每一个平民与王室的秦晋之好，都足以激发无数观者的想象，艳羡者有之，怀疑者有之，八卦者有之。在英国的查尔斯王子与戴安娜王妃的爱情神话破灭之后，似乎更多的人会对嫁入王族的平民女子抱有她是否幸福的忧虑，而日本的太子妃雅子虽然影响力远远不及戴妃，却以持续的方式为反面的意见提供着现实的佐证。

1993年，外交官家庭出身、并且也曾在外交界工作的小和田雅子与日本皇太子德仁结婚，这是查尔斯戴安娜之后世界上又一家主要王室的王子婚礼，亦是王子配平民的所谓"灰姑娘"模式。然而，就在此前半年，查尔斯戴安娜的正式分居，刚刚让人大跌眼镜。德仁与雅子，又会是怎样的故事呢？没过几年，雅子对日本皇室生活的"水土不服"就显示出来，一切矛盾在2004年5月德仁太子的"人格否定发言"事件中彻底爆发。德仁太子在记者会上称："有人在否定雅子的职业生涯以及人格。"谁能或谁敢否定太子妃的人格？这一新闻当时在日本社会的震荡无与伦比。舆论开始密切审视，在皇室的菊纹帷幕之后，究竟发生了什么？

接下来，雅子妃因病处于长期的静养状态，极少公开露面。她的病无疑成为日本各界萦绕心头的一个难解的结。现任明仁天皇已经八十一岁，身体健康状态正在恶化，太子即位的可能性随时存在，但届时将变成皇后的雅子妃如果继续生病，又将如何是好？尤其要说明的是，雅子妃的病不是生理上的疾患，而是主要来自心理层面。

关于雅子妃的病，起初，一般的舆论认为是外交界出身、具有美国留学经验的现代女性和作风保守僵硬、充斥繁文缛节的日本皇室之间的格格不入。就这一点而言，舆论的倾向较多站在雅子一边。一方面，希望雅子的现代女性气质能给皇室带来新鲜气象；另一方面，雅子和全球仅有的号称万世一系的日本皇室相比，属于弱势的地位。限于不能对天皇不敬的不成文规范，日本国内的舆论不能说得太重，海外人士却不管三七二十一，以澳大利亚知名记者班·希尔斯所著《雅子妃：菊花王朝的囚徒》为代表，展现出一位现代教育培养的独立女性在传统深宫中饱受压抑的委屈形象。在对雅子妃的压抑势力中，很多矛头都指向了同样是平民嫁入皇家的现任皇后美智子，言外之意，多年媳妇熬成婆的美智子给儿媳雅子穿了小鞋。

另一个焦点是雅子妃只生了女儿爱子公主（出生于2001年12月1日），舆论认为皇室在生育男丁上给予她过大的压力。由于这涉及男女性别歧视的偏见，至少是女性，都会更加同情雅子妃的处境。生男生女，又不是她说了算。迫于舆论，日本内阁一度考虑尝试修改皇室典范，确定女天皇的合法性。

可是，近年来，日本国内舆论的指向发生了一些潜在变化。有些人已经公开批评雅子妃的长期养病是过度强调自己的私生活，忽视甚至放弃了作为皇室成员应该履行的"公务"。相反，原本有"恶婆婆"嫌疑的美智子皇后，却因不顾高龄奔波于各种公开场合而劳累病倒，博得了越来越多的好感和支持。在这个背景下，雅子妃的离婚可能，也被媒体直接点出了。

对于以神秘、保守、绵延著称的日本皇室而言，太子如果离婚，绝对是一个"几千年未有"的大变局。

负责管理皇室事务的宫内厅长官羽毛田信吾，在记者会上罕见地对媒体的相关报道说出了"混蛋"的脏话。不过，擅长炒作的媒体，哪里肯放过这样的噱头？由于没有先例可循，太子一旦离婚将引发的种种可能后果，一一被摆上了桌面。

首先，太子是否可以离婚是最根本的问题。日本的天皇虽然已经不再是"现人神"，但并不存在于户籍记录当中，所以其婚姻不受民法约束。也就是说，天皇和皇后不能离婚。但太子以下的诸位亲王、公主，依照皇室典范规定可以离婚，只是需要皇室会议同意。这个皇室会议的参加者，除了两位皇室成员之外，还包括两院正副议长、内阁总理、最高法院院长、宫内厅长官和一名法官，共计十人。媒体讨论太子离婚问题的原因，也是因为太子倘若即位，离婚的可能性就不复存在。

其次，既然能离婚，和常人一样，会涉及子女的抚养权、财产分割等具体问题。雅子妃对女儿爱子非常疼爱，应该会希望得到爱子的抚养权。皇室典范规定，天皇、皇太子、皇太孙的抚养权不容置疑，但爱子作为太子的长公主，年满十五周岁后的抚养权可以转移，前提是经过皇室会议认可。按日本皇室的情况分析，即便爱子十五岁后，离婚的雅子想得到抚养权也概率极微。财产分割方面，日本皇室的规定是对脱离皇族身份的成员，给予一次性的金钱补偿，以维持其生活水准。日本政府每年支付天皇家族（天皇夫妇、太子夫妇、爱子公主）3.24亿日元的生活费用，还负担二皇子秋筱宫亲王全家3050万日元的费用。雅子妃若能离婚，其补偿额是亲王家费用的十倍，也就是一次性拿到3.05亿日元。假如雅子还想获得更多的经济补偿，比如治病的费用等等，就只好通过法律手段向皇太子个人求偿。

单纯从经济角度来讲，与其打官司，雅子不如写作回忆录。毫无疑问，这本书将成为日本历史上罕见的畅销书，在全球都会引起轰动，因为太多的人想知道她到底是不是皇室的"囚徒"，如果是的话又遭受怎样的"囚禁"。当然，这纯属理论推测，以雅子的为人和日本的社会环境，这样的事情不可能发生。

离婚的话题虽然沸沸扬扬，但到目前，还仅仅停留于媒体的鼓噪。离婚的前提是当事人双方有分开的意向,而太子德仁处处表现出了维护妻子的姿态,"人格否定发言"就是前例。那么,能在这个问题上使劲儿的,就只有天皇夫妇和宫内厅。天皇夫妇通过宫内厅,在一些场合曾隐晦表露过对家族内部难题的担忧,所谓难题,不外乎两个:一是雅子的精神疾病,二是太子之后的皇位继承人变成秋筱宫文仁亲王(太子德仁的弟弟)的长子悠仁(出生于2006年9月6日),是否会引起兄弟不和。

宫内厅,按中国古代的说法就是大内总管,只不过在日本现在的"国民象征"性天皇制度下,其身份地位更加特殊。而中国历史上不时出现的今上与太子之间的矛盾,在日本皇室这里也能看到。最值得注意的,就是宫内厅东宫(太子)一系的人马变化。东宫大夫,这是个仿佛从尘封的故纸堆中走出的职务,但在现今的日本仍旧存在。2011年底,东宫大夫野村一成正式退职,舆论认为这是一个非常不利于东宫的人事变局。因为曾任驻俄罗斯大使等职的野村一成和雅子妃的父亲在外务省时代比邻办公,他像父辈一样帮助东宫应对了不少纷扰。近五年来,东宫的十几位官员相继离去,太子夫妇身边可以辅弼的心腹越来越少,这会带来何种前景尚难预料。

婚姻对任何人来说,都不是一件简单的事情,而且也绝不仅仅属于两个人。平民如此,皇族亦是。回想当年的德仁太子大婚,雅子妃的笑容灿烂开朗,谁能想到日后的一系列诡异变迁?天皇夫妇、太子夫妇的心中,想必都有一个念头:假如当年……但是在时光的有去无回面前,人人平等。

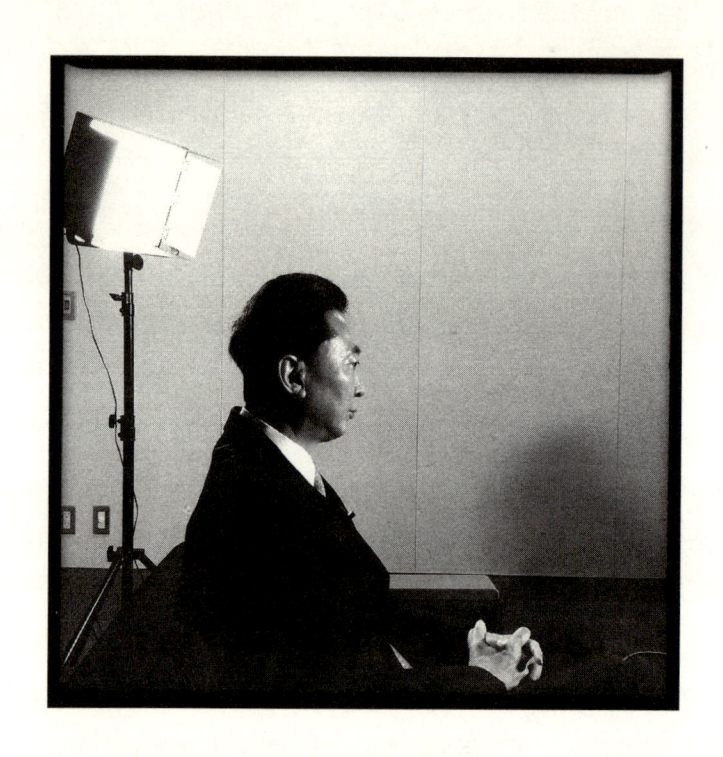

*进与退：前首相鸠山由纪夫，政坛独来独往的『另类』／东京

领导的缺席

某周刊在报道中披露，大地震之后，美国派出神秘人物进驻日本首相官邸，设立了不公开的指挥机构，主导了日本政府的救灾决策。对此，日本或美国官方当然都不会表态证实其真伪，但媒体说得绘声绘色，而当时在野的自民党也有干部随声附和，肯定不是无中生有。依照日本和美国的关系，在特殊的危急时刻，美国主动干涉日本的政治决策并非怪事。媒体拿这个说事儿，不过是在扮演政治斗争工具的角色，因为换了任何党派执政，都难免要"尊重"美国的意见。

世人皆对日本多年来政坛高层胜似走马灯的首相更迭表示不以为然，但这种政府首脑在位不稳定，进而形成政治领袖缺席的状态，可能正是美国所希望的。

我来日本的1996年，首相是已故的桥本龙太郎（2006年逝世）。十八年间，一共有过十位首相，最长的是小泉纯一郎，在位约五年，最短的鸠山由纪夫，在位约九个月。其中最为人诟病的，是自民党的小泉卸任后，党内本来有"安福麻谷"四位巨头，接着，安倍晋三、福田康夫、麻生太郎就连续出任首相，每人在位时间不多不少，正好一年。若不是民主党在大选中击败自民党，估计就要轮到谷垣祯一了。后来，谷垣祯一出任了在野的自民党总裁，也算影子内阁的首相。每人一年的首相经历，似乎是一种有默契的私相授受，不但海外舆论觉得惊奇，给日本民众也留下了不佳印象。

战后的日本政坛，首相更迭频繁是一个深具特色的现象。1945年至今，共有三十三人当过首相；相比之下，战后的美国只有过十二位总统，英国有过十三位首相，过去以内阁变换最快著称的法兰西，第五共和国以来也只有九位总统。批评者说，以美国总统小布什为例，他在八年任期内见过五位日本首相，这不利于日本的首脑在国际上开展外交，也给人日本政治不稳定的印象。但事实上，日本的首相变动并没有影响政治、经济和社会的稳定，别说剧烈的动荡，甚至连茶杯中的风暴也没有。民主党与自民党招牌不一样，本质却差不多，真正政治立场区别明显的社民党、共产党等恐怕永远都没有执政的机会。所以，我们看日本的首相换来换去，不妨当做热闹，没什么实质意义。特别是在对华政策上，日本的主流政治人物一旦掌权，基本上秉持相近的态度。

日本首相的产生来自国会议员投票，而国会的几大政党之内，充满了派系纠葛和世袭政客，他们之间的利益折冲往往决定了首相职位的归属。暗箱操作，酬庸交换，种种幕后手法自然不少。但这种小圈子里诞生的首相，缺少与民众的直接联系，所以民意支持率常常低得可怜。理论上讲，只有直接选举出来的首相能够挟民意支持为后盾，可以更有效地推行政策，并成为国民心目中的国家象征，也就是所谓的政治领袖。民调显示，日本民众希望首相直接选举的高达62.8%，不希望的只有13.3%，可他们只是希望而已，能不能直选倒无所谓。我认识的日本朋友当中，提到这个话题，普遍都认为日本确实缺少一位"领导者"，但就这么维持下去也未尝不可。

首脑的频繁换人，却不影响社会稳定发展，说明了日本的现行政治体制和文化有成熟完善的一面，但民众的直选期待也显示他们并不完全满意。为什么日本不采取首相直选？原因里应该有美国的因素。

美国是日本战后政治体制的设计师和监护人，这一点毫无疑问，而美国的根本原则是要监控并利用日本，对这个昔日的难缠敌手始终怀有戒备。在这种背景下，美国的最有效有利的做法是培养一个能够为己所用的政客集团，并不希望看到从民众的一张张直选选票中登上舞台的风云人物。我们知道，日本人的集团性格根深蒂固，集团的立场和动向取决于其领导核心。明治维新的成功，最大的功劳属于伊藤博文、号称东洋俾斯麦的大久保利通（明治维新后三杰之一）、日本皇军之父山县有朋等一大批政界、军界和文化界的精英人物。他们带动了社会风气的变革，激励了民族精神的奋发，但这样的个人或群体在对日本心有疑虑的外国看来，显然需要警惕。

战后的日本政治要人中，前期因为美国压制较力，没有多大施展空间，随着经济腾飞国力恢复，也出现了呼风唤雨的领袖型人物。最典型的莫过于田中角荣。

日本首相一般都在家庭背景、学历、职务履历等方面拿得出显赫的材料，可战后以来最具权威性格的首相田中角荣，却来自农村家庭，高等小学（初中）毕业，完全从基层跃上政治舞台的中心。他创建的自民党内最大派阀田中派至今余威尚存，今天活跃的一些政客是他当年的门生后辈。在他的巅峰时期，曾拥有70%以上的国民支持率，虽未经直接选举洗礼，但具备了政治领袖的实质。他强调"决断与实行"，推行日本列岛改造计划，主导中日邦交正常化，声望一时无两。即便在选举中失利后，他仍能通过操控派系，以"暗将军"的身份影响政局。1976年，洛克希德案件突发，他被控受贿，被东京地方检察院逮捕，引起极大轰动。值得注意的是，这起案件涉及日本和美国的政商高层，最初的曝光却来自美国国会参议院的揭发。在田中角荣之后，自民党的中曾根康弘一度也被誉为"总统型首相"，却被卷入利库路特集团的贪腐案。该案也涉及美国因素，即中曾根康弘曾让利库路特集团向美国采购了两台超级电脑。

近年来的首相中，人气最旺、在位最久的莫过于小泉纯一郎。他推动了邮政民营化等多项重大改革，改组了自民党内的派系结构，展现出强有力的政治家形象。不过，他之所以没有被美国人看起来碍眼，主要是因为他采取了在后"九一一"阶段与美国坚决绑在一起的政策，将日本定位为美国在远东的亲密盟友。最重要的是，小泉纯一郎在声望仍高的时候选择了引退，除了把儿子送上政途世袭议员之外，很少再介入政界的是非。一直都有传闻或呼声，说他要"再登板"，但都止于捕风捉影而已。如果愿意，小泉有实力在幕后发挥"余热"，可他迄今为止表现得非常低调，生活便也风平浪静。

美国因素的另一个例子，是民主党的首任首相鸠山由纪夫。他在冲绳美军驻扎问题上的立场，显然不符合美国的期望，甚至被加上了"反美"的帽子。于是，尽管民主党大获全胜上台，仅仅过了数月，鸠山的首相身份就成了背影。

日本人以强烈的集团性著称，集团就需要一位领导，而领导的长期缺席，巧合抑或有意，有心人当明辨之。

*往与归：成田机场，寂静的行李领取处

／千叶

大核民族

敝•屣

1996 年初来日本，感到了周围充沛的电力供应，夜晚的灯火通明令人印象深刻。因此，稍为留意了一下日本的供电，发现全国竟然有五十余座核电反应堆，当时略觉吃惊。作为少年时代的军事知识爱好者，对核能量有一点知识，我不解的就是地震频发的国度，搞这东西是不是有些风险。这倒不是现在放马后炮，我一直是个忧心忡忡的人。

1999 年，东京东北方向的茨城县发生了核临界事故，当场造成两人死亡。随后，电视上出现了迁移附近居民、封锁事故现场的场景，是日本核能史上最严重的恶性灾难。事故倒是得到了较快的解决，没有继续恶化，但周遭农产品是否受到污染的议论，引起了极大的风波。最后，国家和相关企业对这些受害者做出了不同程度的经济补偿。我从那时起，基本上对茨城的任何食品都敬而远之。在超市里，农业大县茨城的蔬菜水果比比皆是，有时价格便宜，但我总会恪守原则。也许这有点杞人忧天，抑或过于矫情，而我的立场除了健康考虑之外，更多的是表达自己对核能的厌恶。

　　核能是人类仍旧不能完全掌控的力量，甚至在未来亦然，而人类试图摆弄它的动机只有两个：要么大量杀人，要么充填欲壑。毫无疑问，这是人性中最丑陋的方面。

　　日本的古怪之处，在于既是唯一被核能武器攻击过的国家，又是个孜孜利用核能满足贪欲的国家。自广岛、长崎的悲剧开始，核的阴影数十年来萦绕不散，最终又酿成了巨大的祸端。

　　以日本的自然条件来说，发展核能绝对是危险的抉择。我想这是稍有常识的人都应该明白的浅显道理，那么，日本人为什么还以大无畏的精神把列岛变成了核地雷密布的高危区？有人会说到日本的核武装野心，认为它打着民用的招牌为制造核武器积累经验和原料。这种可能性不能说完全没有，按照日本人的性情，被"原爆"的内心创伤尚且不会愈合，所以会有政治人物放风说日本已经拥有装备核武器的能力。可是，在美国仍然以强大军事存在把持日本的情况下，日本哪怕仅仅是具备初级层次上的核武装也绝没有那么容易。我倒是相信，发展"核电国策"的根本肇因，是日趋盲目的自信与永无止境的贪婪。

　　自信，体现在日本人对美国、苏联等核事故的轻慢态度上，动辄以"难以置信""措置失当"批评人家，却坚信自己万无一失风险不存。欧洲的德国、法国等国也发展核能，似乎没发生过较大事故，日本便引为同道，宣传核能的绝对安全，忽略了两方在自然环境上的本质差异。核电的"安全神话",多少离不开日本战后国力腾飞的背景,自信渐渐有了骄狂的变质。

贪婪,体现在日本人在日常生活中的电力浪费上,这一点我有另文谈及。支撑贪婪的动力,一是人类的天性弱点,二是直线性的所谓发展观。经济增长率的数值,商品制造贩卖的增量,消费的推陈出新……仿佛只有这样,社会才算是发展。于是,核能有了"清洁""廉价""效率"的金字招牌。

震后,我依旧惯性式地拒绝购买茨城的食品,并且在"黑名单"里加上了关东以北的诸多地域。然而,这种自欺欺人的做法并没有多大意义。首先,虽然我能避免自购危险地区的食物,却无法控制外出就餐的所食来自何地;其次,在切身的经济利益面前,日本人也一样会伪造产地,贩卖可能被污染的商品。既然防不胜防,我的谨慎只剩下仪式性的表面功能,姑且顺其自然吧。

今天来论述日本福岛的核危机究竟会造成多大影响,绝对为时过早,特别是事件的真相依然被遮掩隐瞒。有人说福岛实际上是日本遭受的第三次原子弹袭击,这话并不算危言耸听。2011年底,日本政府宣布福岛核事故处理完毕,可进入2012年不久,不争气的原子炉冷却水又出现过升温迹象,官方解释是有趣的"温度计失误"。对笃信日本政府言而有信的人来说,其地震以来的表现应该让他有所感悟。

核污染的长期危害尚不清楚,眼下正在为之受难的,是核电站附近的居民。被迫迁居的人有家难回,流落异地;稍远些的人则饱受"风评被害"(即商品被怀疑受到污染而无法推销),陷入生计上的困顿。此种境况令人同情,可事情的另一侧面又教人不知道说什么才好。

日本的各家核电站所在村镇,基本上都是依赖核电站为生。比如在福岛,核电站的所有者东京电力给了当地居民极大的福利待遇,解决年轻人的就业,免费提供医疗服务,乃至出钱为地方机构、学校购买办公、学习用品,俨然令予取予求的乌托邦变成了现实。多年来,当地上上下下也在"安全神话"的光环下过得心安理得,有的地方为了争夺电力公司的新核电站择址还闹了矛盾。所以,当这些县知事、市长、村长在电视上声色俱厉地痛斥东电"欺骗"了他们时,总有些违和之感。好比一个人为了享受优渥的供养,乐意充当药物试验的样本,最后得了病便跳脚骂街。这个责任的归属,还真不好说。日本的五十几座核电站,背后都有这种被电力公司喂养的地方行政区,他们到底可怜还是可悲,一言难尽。

其实,民众的反核声浪未必重要,归根结底,福岛的变故让日本的政商阶层也认识到了核能一旦发作的可怕。所以,现在全国的五十多座核电站,已经纷纷停运。大和民族体验到了沦为大核民族的危险,但这个例子的意义绝不单单属于日本,实际上是给全人类敲响的警钟:人假若不能抑制并克服无止境的贪欲,最终的结局,并非什么虚无缥缈的发展,而是真真切切的自戕。

* **忙与闲**：涉谷街头永远是摩肩接踵。谁在奔波？谁在游荡？

／东京

2011年3月11日14时48分

这是难以忘怀的时刻。

之前的2010年夏天,日本本州地区出现了连续四十多天的35℃以上高温,滴雨未降,创下气象观测史上的纪录。我当时曾和友人说,这好像是大震的前兆,没想到半年多后,果然来了。3月4日午后,该地域曾发生了一次七级左右的地震,东京亦有明显震感,但那竟然只是一小段序曲。

地震发生时,我和朋友身处九楼,最初的一波摇晃到来了,我觉得有点不对劲儿,就起身和朋友走到门口。此时,前所未有的震波已经让人难以站稳,我们用最快的速度冲下楼梯,脑海中只有一个念头:不要死在这里。一位日本友人后来说,他当时开车行驶在高速公路上,感到地震后停下来,看着前面的水泥路面如波浪般起伏,想的也是:不要死在这里。

那是我一生中跑得最快的片刻,以至于双腿的肌肉拉伤,后来的半个月里只要下楼梯都难免疼痛。到了地面，发现脚下仍是浮动的，就像在海船上的步履。街道上站满了人，有女性在尖叫，我们仿佛置身于一部灾难电影的布景当中。我给家人打电话，根本无法拨通。不远处，六十层的池袋阳光大厦在缓缓摇晃，引来人群惊呼。

我走到附近一个公园的空地上，暂时避开高楼林立的街区。在公园里，我首先接到了国内友人的问候电话，请他转告家父家母不要担心。较大的余震袭来，大地再度颤抖。可能听到我讲中文，一位看似福建出身的女按摩师凑过来，吓得蹲下靠在我腿旁。我不好意思闪开，心想：这是害怕天塌下来吗？不过，在频繁的余震中，我确实想起了那部著名的电影：《日本沉没》，今天难道就是岛国的大限？

公园里的人越来越多，有人通过手机上网得知了地震的基本情况，一位五六十岁的日本老人说："这么大的地震，第一次啊。"他说得对，这是日本观测历史上最大的地震，人类观测历史上第三大的地震。

余震不断，我终于和家人打通了电话，决定不管怎样也要回家。在街边的电视屏幕上，人们看到了东北海啸席卷陆地的景象，那可不是好莱坞电影。列车地铁等轨道交通都停止了，出租车虽有却没空车，步行的人流浩浩荡荡。我急于早点到家，想搭个便车，终于遇到了一位大胡子男子，付了他一万日元。车里有电视，可以看到最新的报道，屏幕上不断重播海啸的场景，确实触目惊心。而每当余震传来，这辆小厢型车就好像被一只大手摇晃于掌心。

夜色已经降临，在东京都和埼玉县交界的荒川边上，我下车跑步通过长达几百米的大桥，路上都是回家的人，汇成一股沉默的洪流。七点多钟，我终于在住宅旁边的公园见到了妻子。那种劫后重逢的感慨和激动，无以言表。

接下来的一夜，几乎每隔十几分钟，就有较大的余震。出于对地震的忧虑，我选择了六层建筑的最高层居住，这是一个明智之举。朋友中一些爱慕虚荣而住在几十层高楼的，除了担惊受怕，还要忍受电梯停用的尴尬。最严重的是迪斯尼乐园所在的千叶县浦安市，那边的高层住宅因土地液化而失去了稳固的地基。

在日本这样的地震大国，住在几十层的高楼里，无疑不智。诚然，日本的建筑抗震质量全球罕有其匹，成功地经受了这次的大震考验。假如同样的震度发生在某些国家，估计会造成地狱般的恶果。但是，没必要把自己放在高空中测试日本的建筑质量，再说，谁也不能让下次地震的规模继续符合理论上的抗震设计。这个教训，由福岛核电站来现身说法了。

福岛出事了。这个新闻要到第二天才公布出来，但日本政府和东京电力的对应简直糟糕到了极点。对核知识略有了解的人都知道，那东西的影响远比地震更加可怕。可电视上的新闻发言人要么含糊其辞，要么言不由衷，要么干脆哗哗翻着手里的材料说不出话来。事实上，在这样严重的突发灾害面前，任何政府所想到的都是隐瞒真相，因为他们的首要目标是"避免恐慌"。超市和便利店里的食品、水、卫生纸已经在一两天内售罄，倘若真相被老老实实说出，社会就有陷入失控状态的危险。所以，那些乐于探讨政府透明度、新闻公信力的人，不妨认真审视一下日本当局在福岛核灾害爆发后的表现，想象和现实永远是两回事。

3月14日起，在日本的中国人掀起了逃亡的浪潮，不仅慌不择路，也有不少失态之举。这在后来颇为日本舆论诟病，但试想若同样状况发生在中国，许多在华日本人估计也会急急忙忙一走了之吧。真正令国人蒙羞的是归国航班的机票，意图趁乱发财者炒作之下，陡然间卖出了天价，最高达正常票价的十几倍。

由于搞不清楚核污染的严重程度究竟如何，我和家人前往大阪暂避。新干线的旅客中，要么是在日外国人，要么是带小孩的日本妇女，而大阪等地的酒店很快就人满为患。鉴于日本官方的宣传已不可信任，能够提供分析参考的只有美国人的举动。美国驻日大使馆虽然将妇女儿童送离日本，但维持了正常办公，这才让人稍觉放心，局势至少不会愈发恶化。十余日后，我们重返东京，才算度过了这场风波。

如果说这次经历能给人以一些启迪的话，我想大概有两点：一是在日本住高楼搞核电风险太大，比较愚蠢；二是所有的政府都不会承认失控，宁可撒谎，就像伊拉克的萨哈夫一样。但是，令人印象深刻的也还有日本民众在灾害来时的表现，比如根据媒体报道，一些正在就餐的顾客因建筑摇晃而外出避难，稍见平息后纷纷回来结账付钱。这种高度自觉的社会公德意识，是日本最值得尊敬的所在。

*古与今：现代派与古典风格的建筑比肩而立／东京

东电式败局

敘话

福岛的核危机，是一个神话的破灭。既然是神话，早晚都要破灭。

"二战"之后，日本以极快的速度实现经济崛起，造就了一个又一个伟大企业的神话。但是，近年来形势日非，首先是2010年丰田汽车在北美的重大事故丑闻，打破了多年来的日本制造质量的神话；其次就是2011年大地震引发福岛核电站放射性物质泄漏，令日本原子能的安全神话被戳穿。2011年，尤其是日本企业灰头土脸的悲剧性年份。以数码相机和医疗器材驰名世界的奥林巴斯，被外籍高层揭露财务造假，险些退市；位居日本纸制品企业第四位的大王制纸，社长挪用上百亿日元供个人赌博、游乐……令人不禁要问：日本这些豪强企业究竟怎么了？其实，问题一直都在，只是日本神话的光鲜表面迷惑了太多艳羡的眼睛。

负责管理运营福岛核电站的东京电力，之前无限风光，如今却为千夫所指，应该说是咎由自取。这家前身半民半官（"民"指民间财阀，而非社会大众）的能源巨头，虽然现在挂着民营上市企业的招牌，实际上仍旧和政府保持了千丝万缕的瓜葛。日本一共有十家电力公司，个个独霸一方，没有竞争对手，也都和政界暧昧来往。比如东电，日本经济产业省或能源厅的高官退休后出任其副社长，是多年如一的惯例。这种现象在日语中叫做"天下り"，本意指天神下凡，用来形容政府高官退休或辞职后空降到某些企业、财团、机构。他们的"下凡"再就业，当然不是为了养老。同时，东电也利用巨大的财力，在国会、政府等部门安插自己的利益代言人，构筑庞大绵密的官商网络。

政界之外，东电的另一着力点是媒体。据说，东电一年的广告宣传费用高达二百二十亿日元，这笔钱无疑是一张诱人的大饼，必然会得到主流媒体的垂青。有人揭露，如果没有地震，那个周末，东电本来正组织日本各大媒体的一些中坚人士前往北京旅游，全程豪华，每人只收五万日元，其余费用由东电"赞助"。这是变相的行贿，但并不值得大惊小怪。近年来以揭弊报道闻名的自由记者上杉隆指出，只允许日本主流媒体参与，拒绝自由记者和外国记者的保守团体"记者俱乐部"，东电亦是其最主要后援之一。和媒体搞好关系，就有了鼓吹神话的助力。事实上，福岛核电站早在1978年就出过临界事故，2007年才被公开，足足隐瞒了二十九年，媒体对此也保持了沉默。

在核危机发生后举国上下的批判声中，东电和政界、媒体的复杂勾结关系被掀开了帷幕一角，但随着时间流逝，很快又被遮盖起来。对于东电在核事故上的责任，社长清水正孝率高层几次前往核事故避难者的暂住地下跪谢罪，以这种日本式的表面文章来表达了"忏悔"。事发前，东电社长年薪高达七千五百万日元，董事会成员的年薪至少四千万日元；事发后，他们未曾身临核电站抢险的第一线，以拍拍屁股辞职的方式宣告了逃离。

由于电力企业的特殊性，像东电这种公司，即便是基层员工的待遇，也大大好过普通民企。但优渥的报酬，似乎也助长了东电人的骄傲与懒惰。一些学术专家表示，早在多年前就提出了核电站在超大地震时存在的风险，东电方面一笑置之，用"千年一遇的事儿没必要担心"打发掉了。每次记者到福岛核电站的采访，都被告知不论是恐怖分子还是飞机撞击，都不会损害其安全，"万无一失"。

然而，曾经有中国驻日使馆官员应邀参观过福岛第一核电站，发现了一个耐人寻味的细节：管理人员所在的建筑中，各层墙上的钟表时间居然不一致！中方人士估计可能是年深日久，钟表的准确度下降，但是，这里难道不是日本最应该保持数据精确的所在吗？一叶落知天下秋，尽管只是一桩小事，却暴露出了东电日常的管理存在不该发生的含糊。比时钟不准更可怕的是，福岛第一核电站有三十三处部件设施疏于点检，最长的甚至已经十一年没有点检；第二核电站也有二十一处未能按时点检。

这听起来有点儿难以置信，因为日本企业向来以工作态度认真到不近情理著称，日本制造几乎就是信誉和质量的保证。但遗憾的是，疏忽、懈怠、傲慢、糊弄，都在东电发生了，后果还很严重。

如果说人的疏失错误难免,但不能接受的是,为了维护商业利益,比如股票价格,东电多少年来曾一再刻意隐瞒、篡改安全纪录,这对于日本企业的诚信神话,的确是一大沉重打击。

与东电造假行为类似的是奥林巴斯,这家在精密仪器领域业绩显赫的世界级企业,在二十年间用做假账的方式掩盖一千余亿日元的投资亏损。丑闻传出后,奥林巴斯一度流传要退市,引发股民的恐慌性抛售,令其市值迅速蒸发了五千余亿日元,只剩下五分之一。好在奥林巴斯有扎实的技术基础和拳头产品,例如全球市场占有率第一的医疗内视镜,使得它的股票不至于沦为垃圾。

比东电、奥林巴斯更能吸引眼球的是大王制纸前社长井川意高,他从公司"借钱",去拉斯维加斯和澳门豪赌,输了数十亿日元也不当回事儿。私生活方面,他和众多知名女星传出包养、同游的绯闻,更流连于银座、六本木的高级夜总会,一掷千金大肆挥霍。虽然他因渎职罪被警方逮捕,但他的"壮举"已经把大王制纸的业绩从盈余变成了亏损。

一连串的业绩优异、名声显赫的日本大企业深陷丑闻,不得不令人重新审视这些往往被视为经营典范的"优等生"。这些大企业的成功历程,的确不是浪得虚名,但成功之后的坦途走得久了,各种弊端也陆续滋生,有的演变成深入肌理的沉疴,一旦发作就会造成重创。

在我看来,日本大企业最为致命的要害有两个:一是和政界官僚的腐败关联,二是过于浪费的资源损耗。东电号称民营上市公司,实为另类的"官企"。之前破产的日本航空亦然，和政界人物配合开通大量的地方航线，虽然招致巨额亏损，但得益者是谁不言而喻。在浪费上面，日航每年曾给员工开十八个月的工资，全体空姐下班回家都可以报销出租车车费（东京机场偏远，导致出租车费比到大阪的新干线还要昂贵），简直形同挥霍。我认识的多位在五百强级别的日本企业工作的朋友，都说他们过着"社会主义"一样的日子。

可是，好时光也许会有尽头。我从2000年起采访富士通公司主办的世界围棋锦标赛，开幕式从酒会变成茶会，比赛场所从高级酒店换到日本棋院楼上，参赛棋手奖金数额腰斩，2011年则索性停办。对日本人来说，这种停办是非常有损颜面的窘迫之举，可富士通的财务报表上，数字冰冷而无情。

＊明与暗：正午闪亮的阳光下，却总有些阴翳 ／东京

买的是恐惧

敏锐

2012年5月9日,东京都知事石原慎太郎发起的"购买尖阁列岛(中国之钓鱼岛)"筹款活动在正式设置银行账户十二天之后,筹款金额突破了三亿日元,汇款人次也超过了两万。其中,5月8日一天,账户内就增加了九千万日元,看上去日本民众的热情骤然高涨,但考虑到3日至6日的长假,这个数字倒未必能说明问题。不过,该活动如果持续下去,很可能会在几个月后筹到比较巨大的金额,届时的事态发展将变得难以预料。

石原慎太郎的政治立场尽人皆知,但突然发起这个活动的动机与目的值得探究。最简单的理解,自然会涉及日本国内政坛的争斗。当时执政的民主党,在外受困于2011年大地震与核污染的天灾人祸,在内纠缠于民主党前党首小泽一郎和其他派系之间的权力瓜分,实在拿不出什么亮眼的政绩,野田内阁的民调支持率直线下滑,跌落到两成上下。这在其他政治势力看来,无疑是抢班夺权的大好时机。石原慎太郎虽然不属于任何政治党派，却堪称日本右翼保守政客的代表人物，他的儿子石原伸晃是自民党前干事长，现任日本环境相，而围绕着石原慎太郎本人，也一直有意欲组织"第三党"的种种传闻。尽管日本实行地方自治的行政体制，东京都的"购岛"活动只是地方政府所为，可是由于钓鱼岛的主权归属争议，就成了给执政党出外交难题的狠辣一招。野田佳彦曾与石原会面，两人都未提及"购岛"活动，或可以理解成执政者们尚未找到破解石原另类"逼宫"之计的对策。随后，石原造访自民党本部，和儿子就谈到了此一话题，并希冀得到自民党的支持。

类似现象在这些年来的西方国家颇为常见，在野的、地方的或者野心勃勃的政治势力，往往把中国当做最称手的"兵器"，来打击执政或对立的竞争者，比如高调炒作"中国威胁"话题，比如直接介入中国的人权、民族、宗教等社会矛盾。这种做法成本和风险均极小，一方面抬升了自身的知名度，吸引了民众关注；另一方面，又把执政者推向了不得不面对来自中国的外交交涉的尴尬境地。石原的"购岛"计划，当然也有同样的作用。日本政客中深谙此道者大有人在，就像自民党前总裁谷垣祯一，在没有失去政权时担任过财政大臣，主张在参拜靖国神社问题上持谨慎态度，自民党沦为在野党之后，他却成了靖国神社的常客，刻意与民主党领导层形成对比。

但是，石原的"购岛"活动若仅仅从日本政坛内斗的角度去理解，可能还有些不够全面。假如关注石原本人的境况，和日本社会的客观氛围，或者能提供一些额外的思考。个人的拙见，不妨落在"恐惧"

两个字上。

我曾在2008年北京奥运前夕采访过石原,那是他第一次接受中国大陆媒体采访,主要是希望能够得到中方对东京申奥的支持,后来他还罕有地前往北京参加了奥运开幕式,并受到日本右翼人士的批判。他倒没有"变节",只是为了某个目的暂时令身段柔软,此乃政客的手段,就像他的"购岛"目标单单选择了钓鱼岛,而非独岛(韩国控制)或北方四岛(俄罗斯控制)。

2011年震后,石原推翻承诺再度参选东京都知事,2012年正好八十岁,年事已高。和与他"不是同胞胜似同胞"的李登辉相似,在自觉时日无多的恐惧心理暗示下,他们的政治理念表达越发没有顾忌。事实上,石原曾多次表示对日本年轻一代和未来"国运"的忧虑,担心在优渥物质生活条件下长大的青年们会丧失对政治的热情,磨损了爱国情感。他自己的本职是作家,却数十年来投身宦海乐此不疲,随着岁月的流逝,后继乏人的恐慌心理自然大增。当年他以"日本可以说不"震惊四座,以后是否还会有这样的人站出来说不呢?这么说虽是推测,但放眼古今中外,自负且使命感强烈的政治人物在暮年的表现大抵如是。

石原对吾道将成绝响的恐惧感,恰好迎合了日本社会弥漫的对中国的恐惧氛围,所以使得"购岛"活动貌似轰轰烈烈地展开了。日本的岛国和自然灾害频仍的地理特性,深刻影响了日本人的民族性格,其一就是对外来者高度的恐惧感。东京大学教授佐藤慎一在《近代中国的知识分子与文明》一书中就指出,日本人的恐惧和戒备心理是在西方殖民主义者侵入东亚后迅速实现国家转型的动力，而中国人则缺少这种警觉。最近几年来，日本民众对中国的好感程度逐年下降，数字甚至已经到了可怜的一两成水平，最根本的原因是恐惧。这并非仅仅来自"中国威胁论"的陈词滥调，中国也并没有威胁日本，问题的根源在于文化的冲突。举一个简单的例子，中国游客的海外购物狂潮在欧美的重商主义传统看来并没有什么；而日本人尽管在经济压力下不得不接纳中国游客，内心却充满焦虑和担忧。很多国人把中国游客的访日购物看作经济实力提高的证明，或想当然地以为会推进两国交流往来，实则是对日本人心理的了解不足。至于日本人的恐惧感为什么主要针对中国（朝鲜只是幌子），这就牵涉到地理、历史、国际关系等多方面的原因，委实一言难尽。

俗话说"一个巴掌拍不响"，而石原的"购岛"活动显然也不是自娱自乐，它以一种近乎主动寻衅的方式与中国联系起来了。我留意看了一些日本民众在网络上对此事的意见，有的晒出了自己的汇款单，来表达自己的"爱国心"。说点花絮，有人号召汇款559或1192日元，因为这两个数字的发音接近"护国"和"美好国家"。更有人表示，鉴于日本政治的贵族门阀性质，汇款成为民众参与并影响政治的一种手段。很少人会谈到中国对此可能的反应，活动的进一步发展方向朝往何方等等实质性问题。石原应该也没想过这么多，而且不管怎样，也和年过八旬的他没多大关系。

十二天内两万余人汇款，和上亿的日本人口相比还只是极少数。但高达90%以上的民意支持度是民族情绪潜在的生长土壤。在人类群体之间的冲突中，往往都是少数挟持多数。而当情绪的对撞失去控制时会怎样？我建议有心人阅读美国学者柯博文的著作《走向"最后关头"：中国民族国家构建中的日本因素（1931—1937)》。这不算广告。

* 聚与散:斑驳的镜中景象,在原宿商场门口/东京

被忽视的大正时代

日本再度进入东亚乃至国际近代史的时间，一般以美国海军佩里舰队的"黑船来航"（1853年，佩里将军率领四只船来到日本，提出与日本通商等条件，日本闭关锁国政策开始瓦解）为开始，而这时候的天皇是孝明天皇。我觉得此处有个好玩儿的对比，孝明天皇可以对应清朝顺治帝，而且两人的死亡都非常突然，留下不少传说。顺治帝的五台山出家论广泛流传，孝明天皇倒是确定死了，只不过被怀疑死于倒幕派的暗算。接下来的明治天皇和康熙帝对应，还真的八九不离十，前者在位四十五年，比康熙帝虽短，但两人都开启了国力的强盛期，堪称一代雄主。随后的大正天皇在位十四年（1912—1926年），和雍正帝持国时间（十三年）几乎相等，两人也都不是善终。大正天皇因精神疾病而退位，雍正帝的暴毙亦众说纷纭。此后的昭和天皇是日本历代天皇中在位时间最长（六十三年）和享寿最高者（八十八岁）；清朝乾隆帝也不遑多让，八十八岁辞世，在位六十年，加上以太上皇身份摄政的时间，掌权六十四年。再往下看，日本的"今上"明仁天皇2012年是登基第二十四年，而清朝嘉庆帝在位时间为二十四年。前面的样态纯属巧合，后面估计就不同了。

　　夹在明治与昭和这两个赫赫有名的年号之间，大正的知名度颇低，我就见过以为昭和紧随明治的人士。日本人不会犯错的原因，是因为各种填表的出生年月日上会有大正的选项。但对于大正时代的理解，肯定不如明治和昭和。话说我刚到日本时，表格的出生年代选项中还有明治，时光果然如逝水东流啊。

　　东京原宿的明治神宫是很多日本人新年参拜的首选，明治大学是私立名门之一；靖国神社不远处有一座气派的昭和史料馆，昭和天皇的生日4月29日至今仍是法定假日。而大正在今天的日本日常生活中，很难看到什么明显的痕迹。但是，东京、大阪为中心的两大现代都市圈是在大正年间正式形成的，银座发端的大型百货店是在大正年间发展起来的，松下电器、雪印乳业等一大批知名企业是从大正年间起家的，读卖、朝日、每日三大报的体制是在大正年间确立的，东京站、高尔夫俱乐部、出租车、奶糖等新生事物是大正年间陆续涌现的……大正在日本现代史上的地位，貌似并不起眼，实则至为关键，是一个意义深远的转折时期。

　　一般提到大正，后面紧跟着的词语有两个，一个是民主，一个是浪漫。大正民主指的是在这十几年内，民主主义和自由主义的思潮在日本引起很大回响，表现为政党内阁出炉、普选呼声高涨、妇女和被歧视的"部落民"争取权利运动方兴未艾等等。大正浪漫指的是商业消费社会的雏形之下,耽美颓废风格的艺术风潮大为流行,纸面媒体与出版业的繁盛,以及电影、表演等娱乐事业的走红。

然而,日后的历史发展表明,大正的民主与浪漫都如昙花一现,接下来的日本开始了最不民主也最不浪漫的极端军国主义时代。事实上,当时有人已经看出来了。

1921年,英国哲学家罗素在东方之行中履及日本。他敏锐地看到:"我滞留在日本的时候,在与我交谈的人们,以及在街上遇见的人们的脸上,感觉到一种歇斯底里般非常神经质的紧张感。"早在1919年,另一位访问东亚的美国哲学家杜威也说过:"来到中国时,可以看出日本的自由主义是非常脆弱的,是如同戏剧中为了应急,加上道具而突然出现在舞台上的……将来大战的种子,现在已经在中国播下。"

哲学家的眼光不得不叫人佩服。杜威和罗素虽然只是浮光掠影般地浏览日本,却看到了大正华丽帷幕后面的内在真实。

大正之所以成了通向极端军国主义的序曲,祸根在于明治。这些年的一个流行词叫做宪政,仿佛包治百病,也还有人在论述日本明治维新的宪政如何如何。实际上,明治维新根本没有什么宪政,有的只是精英寡头(元老)牢牢掌控军政权力。而到了大正年间,精英寡头们大多凋零,又遇上一个多病虚弱的天皇,局面日趋失控。因此,若把历史的评价延伸来看,明治维新的结果应该是失败的,终点在1945年。许多日本人对明治维新的理解也存在局限,近年来世道不景，愈发怀念明治时代的辉煌，殊不知大悲剧的肇因都在那时隐埋。

日本的发展一度以德为师，有意思的是，德国的情况类似。俾斯麦作为普鲁士首相，以铁血政策主导了德意志帝国的强势崛起，但他晚年却一直在努力控制德国的对外扩张和军国主义化。当他死后，年轻的威廉二世统治下的德国，逐渐走向了穷兵黩武、以邻为壑的危险道路。日本明治维新的最后一位元老西园寺公望，和大正天皇同年就位，直到昭和初年，他多少还能阻挡一些军部的扩张，晚年已经独木难支。在他1940年去世后十几天，日军发动了对珍珠港的偷袭。

观察一个国家在一个时期的状态，徒观其表是远远不够的。大正的经济因"一战"而景气，一度令日本政府从日俄战争以来的财政困难中完全解脱出来，社会上一夜暴富的故事广为流传。大正的文化也热热闹闹，唯美大师谷崎润一郎把妻子转让给友人，女歌手松井须磨子唱出了流行音乐的新声。用王朔的话说，"看上去很美"。但是，真正重要的是，表象之下的潜流，皮肤里面的肌理。在罗素和杜威眼中，后来日本的命运走向并不值得奇怪。这并不是仅仅说大正的日本，也适用于别的国家、别的年代。

* 大与小：
太宰府天满宫前的大人
与孩子

／福冈

诸侯的崛起

敘·述

我曾在东京以北的埼玉县生活多年,大部分时间住在一座名为"蕨"的城市。没听说过此间盛产蕨类植物,事实上,它不过是一个人口七万余的街区。可是,麻雀虽小五脏俱全,它有自己的市政府、议会,俨然是完备充实的政治实体。我的住所楼下的街道,是它与另一座人口几十万的城市的分界线;而另一座规模在两者之间的市,在行政区划上与这两个市纠缠交错,竟然出现了国际法中也罕见的飞地。

类似的情况在日本颇为常见。日本的国土面积不大,却有都道府县四十七个,这算是一级行政区划。往下是市区町村,其中市有八百多个。日本当年明治维新废藩置县,此后在其下设立市级行政区,是东亚史上的新事物。中国也效仿设市,但级别却接近于传统的州府。所以对中国人来说,市是比县级别更高的行政单位;而日本相反,县对应的类似于中国的省。浙江省和静冈县是友好省县,省县对等，可能会看着诧异吧。

前面说了废藩置县，县来自于传统的藩，而藩的源流则要上溯到更加久远的年代。日本列岛上的国家首次出现在中国史籍中，是三国时代的邪马台国及其他倭人小国，很多可能还处于部落状态。他们不少人是来自大陆（包括朝鲜半岛）的移民，自然会按照出身、血缘等关系聚居，并逐渐形成了类似国家的政体。

比较有趣的是，日本的政体演变仿佛中国在秦以前的状态的延长版本。周代以周王为天下共主，分封诸侯，形成了中国历史上短暂的真正封建制时期。周王不仅是政治上的众王之王，也身兼大祭师的宗教身份，这一点与日本的天皇共通。周王的声望与实力强盛的时候，诸侯莫敢不从，否则就会被鸣鼓而攻。但是，一旦周王的政治声望、神秘光环都告衰败，其地位也就渐渐变成了摆设。这么看中日历史，你会觉得天皇就是周王，而挟天皇以令诸侯的强人，就扮演了"春秋五霸"似的角色。没错，齐桓公俨然就是开创幕府体制的源赖朝（镰仓幕府首任征夷大将军），秦穆公或许也可说是丰臣秀吉的参照。"春秋五霸"都没有实质上触及周王的特殊地位，就像日本历史上的历代幕府强人，对天皇采取的普遍态度是保留并利用。而霸主对其他诸侯的做法，也和日本相近，大致是要求服从效忠，纳贡服役，甚至提交人质。

中国的翻天覆地变化发生在战国时期，一些强国发动兼并战争，逐步吞并小国，最后也将周王取而代之，出现了大一统的帝国。同时，天子／诸侯的封建制为中央／地方的郡县制所替代，成为日后几千年里中国的政体主流。相比之下,日本的封建制一直持续到了近代的明治维新,这个差异也影响了中日在面对"千年未有之大变局"时的对应。

日本的长期封建制,特别是后来的幕藩体制,或可认为是今天地方自治的雏形。在天皇／幕府的统治下,各藩仍保有一定的行政、财政独立性。之所以日本的封建制没有发生大陆上那种变化,最大的原因,窃以为在于缺乏外患的威胁。大陆的农耕文明国家,始终要应对游牧民族的侵掠危险,以及异族迁徙冲突带来的外来文化渗透,为此,国家的大型化、集权化成为被动回应外来暴力、文化冲击的必然趋势。日本在近代以前的唯一严重外患,即所谓"元寇来袭"。事实上,这次威胁的确使得镰仓幕府以"国难"为名扩大了对其他地方势力的控制权,但随着威胁的消失,镰仓幕府的统治根基也宣告动摇,进而崩解。若要探讨中日历史进程的异同,此一点不可不察。

其次,和大陆相比,日本相当有限的人力物力资源,决定了其争霸斗争的适可而止。作为岛国的古代日本,人口、物产都不丰裕,像大陆那样的你死我活的兼并战争只能是玉石俱焚,没有赢家。因此,建立霸业的雄主大多是采取拉拢结纳和打击压制相结合的手段,极少有赶尽杀绝的不留余地。以德川家的江户幕府为例,根据"武家诸法度",各藩只要顺从将军的号令,都在幕府政策范围内拥有独立的统治权力。以此类推,更基层的行政单位"村"的内部,也奉行了由村长(百姓代)和有产村民(本百姓)实行的自治原则。

对于各个层级的统治者来说，一定程度的自治，是最符合成本的管理方式。

在西方势力的殖民侵略威胁之下，日本作出的反应是尽快完成民族国家的转型，提高国家的动员能力。不得不承认，日本人完成得相当迅捷完美。在以天皇为核心的帝国体制下，地方被深刻地纳入了日本的整体，全体国民的"日本人"意识被塑造并巩固。这个时期，是日本历史上中央集权最力的一段，一直到"二战"战败。

今天的日本地方自治，在法理上以1947年的《地方自治法》为依托，实际上多少体现了主导日本战后政治体制构建的美国人的想法，即藉由从中央向地方的分权，扭转军国主义时期的独裁体制。六十多年来，这一套体制基本上没有特别重大的变化。但这种分权并没有过多削弱日本中央政府的控制力，也未曾带来地方的独特意识和分离倾向，从实践上讲比较成功。只是近年来，由于经济不景气，一些地方自治体在财政上陷入了捉襟见肘的困境，甚至有破产之虞。这也和地方自治体的过多有关，譬如前面所说的蕨市，数万人口养活一个市政府，究竟有无必要真的很难说。有关该市与周边两市合并的说法沸沸扬扬了七八年，还挨家挨户地做民意调查，最终也没什么下文。不过，在日本全国范围内，大规模的市町村合并一直在进行，比如滋贺县在1999年尚有五十个市町村自治体，如今只剩下了十九个。

与地方自治体合并相伴的，是"诸侯"角色在日本当前政治生活中的地位急剧上升。例如近年来风头无两的大阪府知事桥下彻，成为全国瞩目的年轻的政治明星。而此前的东京都知事石原慎太郎"购买"钓鱼岛的举动,也在无形中令地方自治体介入了国家级别的外交事务。这些地方政客的所作所为让人联想起历史上的"强藩",他们会给日本未来的政局变化带来何种影响,值得关注。

*肃与穆：天满宫的祭祀人群，一袭白衣　／福冈

错、错、错

甲午战争，中方战败，李鸿章无奈出使，试图在谈判桌上尽力维护国家利益，但面对咄咄逼人的日方，最终还是不得不吞下割地赔款的苦果。谈判过程中，有一个小插曲值得一提：

李鸿章一再请伊藤博文看在他的面子上，尽量缓和对华的苛刻条件，伊藤则说："日本之民不及华民易治，且有议院居间，办事甚为棘手。"

伊藤此言看似流露出对李鸿章的"面子"的尊重，而且言之有理（一方面日本暴徒曾行刺李鸿章，另一方面日本的确有议院体制），实际上，不啻彻头彻尾的哄骗。与他说的完全相反，当时的情况下，华民远远不及日本之民易治，也正是因为中国缺乏日本那种上下一心的精神力量，导致看似庞大的虚弱帝国败于不起眼的敌手。而日本的议院不过是有名无实的"宪政"摆设，真正的权力操控在伊藤为首的一些明治维新元老手中，他们和拥立的天皇一起，构成了帝国权力系统的最高层，实行着事实上的独裁统治。

伊藤博文的这番话不知是否迷惑了李鸿章，但他那并不成立的借口，肯定迷惑了中国精英和知识阶层的不少人士。所以，中国不少人喊出了"立宪"的口号，仿佛只要立了宪，就能一下子变作强国摆脱屈辱。此种迷思，贻害深远。结果，中国虽然在接下来的辛亥革命中推翻了传统帝制，以"亚洲第一个民主共和国"自诩，却依然被日本帝国践踏欺凌。

中国当时的领导和知识阶层，并没有了解日本突然强盛起来的原因本质何在，只是看到了表面上的一些虚饰就信以为真，着实令人扼腕。比如说日本的君主立宪，并没有限制皇权，反而空前地强化了皇权；比如说日本的议会制度，并没有代表普通民众的声音或利益，就像贵族院，代表的仅仅是统治阶层的荣誉和尊严；比如说日本的民权，比起江户时代很难断言是进步还是后退，至少真正的民主主义者陆续遭到了国家权力的镇压……几乎每一个方面，都和中国人的看法相反。

明治维新诸杰泰半下级武士出身，加上幕府时期的"（荷）兰学"知识源流，使得日本的精英们没走太多的弯路，就抓住了迅速提高国力避免沦为殖民地的唯一途径。在那个外来威胁虎视眈眈的环境下，作为东亚的落后国家，也没有别的道路可以走。日本的精英们看出了西方列强的起家基础不外乎两条：一是加强中央集权，更有效地动员民族国家的整体力量；二是利用暴力手段掠夺扩张，来充实资本，缓和内部矛盾。在丛林法则笼罩之下的人类世界，所谓大国崛起，就这么简单而已。于是，日本的精英领袖们推出了神化天皇的"宪法"，打造"神道立国"的意识形态，来加强民众的凝聚力和向心力。再以严格的等级划分和行政权力扩大，使国家权力凌驾于社会，减少实现政治独裁的阻碍。西式议院的热闹，不过是为了平衡统治阶层内部的权力分配，再摆出"现代文明"的饰物。此后，日本也立即走上对外侵略掠夺的殖民扩张道路，毕竟，抢来的资本最直接也最有效率。这就是日本为什么羽毛未丰就迫切惦记朝鲜半岛、台湾的缘故。

现代民族国家的本质如是，但在语言描述上呈现着不同的面貌，最常见的就是拿宪法、民权等概念来装点门面。中国当时的精英阶层囿于知识和眼界的狭隘、优势心态的顽固，始终未曾搞懂这一问题的核心所在，还真的以为那些装饰性概念就是富国强兵的不二秘方。因此，被日本打败后，他们居然得出就是没有"立宪"的感慨，丝毫不管日本为什么立宪，如何立宪，还有最根本的：立的什么宪？

1889年日本制定的大日本帝国宪法的本质，从一个细节不难看出。宪法中提到了日本民众的宗教信仰自由，但附加了"不得妨害安宁秩序和违背臣民义务"的条件，而所谓"臣民义务"指的就是对"现人神"天皇代表的"国家神道"的无条件效忠。为此，明治政府还设置了神社局这样的行政机构。显然，此举并非赋予民众真正的宗教信仰自由，相反，在进一步加强对民众的思想钳制。

当时的日本思想界确实曾有"国权"与"民权"的论争,但掌握着政治权力的维新诸杰清醒地认识到如何才能避免陷入和清帝国一样的命运。而即便是中国的精英知识分子阶层,哪怕不少人曾有在日留学游历经验,也极少有人认识到日本的骤然崛起究竟原因为何。与之对应的是,日本有意无意地向中国推销着"民权""制宪"等概念,就像伊藤博文对李鸿章的冠冕说辞。日本最担心的是,中国也能出现天皇＋明治维新诸杰那样的意识形态与政治权力高度结合并集中的力量。所以,在对待中国政治人物的态度上,日本的冷热差异非常明显,比如袁世凯和孙文。

日本和袁世凯在甲午战前的朝鲜就结下了梁子,但更重要的是袁世凯作为军事强人,对日本在华"利益"构成了潜在的威胁。针对袁世凯政权,拆台、逼宫、欺诈,日方所用种种非常手段不一而足。而孙文则不然,他从辛亥革命前的流亡时代开始,就在日本受到了颇多政要的礼遇。今天的神户鸣石海峡大桥下面,还有一座造型典雅的孙文纪念馆。

那一代的中国知识阶层,对日本强盛原因的误读,最根本的症结或许在于文人特性。日本掌握权力的知识阶层也有文化,但出身多为武士或商家,绝非单纯意义上的作家学者。文人的弱点是容易被一些华丽空洞的概念蛊惑,长于宣传而短于实践,情绪有余而理性不足。比如公认号召力极大的梁任公(启超),一生著述甚多,俨然文坛宗主,不过,与日本同样大师级别的福泽谕吉对照来看,后者的思想与行为显然在日本的革命性转变当中发挥了更加重大的作用。这么说并非对梁任公的不敬,而是要指出中国漫长的文人执政传统对于国运板荡时期的不利影响。以诗词文章见长的传统知识分子常常停留在概念层面的轻率自得,仿佛真理尽在其手中,类似的现象今日仍有余迹在焉。

*信与敬:
祈祷的人,宗教因素渗入日常生活　/福冈

转向

为"二战"期间日本兵的"名声"写下最后浓重一笔的,是那位在菲律宾"战斗"到1974年的小野田宽郎,他在西方的绰号是"The Last Samurai(最后的武士)"。从军前的小野田曾在中国生活过,会说一些中文。或可一提的是,日本关于小野田事迹的记述中,也提到中国网络上对他的评价以赞赏居多。这在日本人看来,大概是一桩被"武士道精神"震慑的例子吧。

日本战败后的三十年内,小野田和几名先后或降或死的同伴曾发动过多次"作战",和1972年在关岛被发现的残兵横井庄一、1974年底在印尼被发现的中村辉夫(台湾原住民)有显著差别。横井等人只是在密林中过着野人般的生活,而小野田祸害最惨重的是菲律宾当地的无辜农民,据说有三十余人因此丧生。

事实上,小野田在这三十年中并没有中断对外部信息的获取,他通过收听广播、阅读报刊等方式知道日本皇太子结婚、东京奥运,还把听赛马比赛当做唯一的娱乐,很难想象会对战争的结束懵然无知。他说以为日本建立了美国操纵的傀儡政权,流亡政府的战斗仍在继续,这在最初的几年内是可能的,但若说三十年始终没搞清楚,即便在日本社会里对此也有很多怀疑。

小野田回到日本后,被右翼当做英雄吹捧。他写了一本自传讲述"战史",并拒绝承认杀戮行为违反了国际法。他说自己受命从事"游击战",是一位"游击队员",可他的攻击对象却基本是菲律宾平民。依照日本右翼人士的理论,在侵华战争中,对类似的中国"败残兵""便衣兵"的屠杀是不违背国际战争公约的。也就是说,在小野田投降之后,菲律宾方面完全可以就地处决之。事实上,小野田不大可能懂得国际法。已故东京大学教授藤原彰在回忆录《中国战线从军记》中提到,日军为加快战损士官补充,简化军校教育内容,首先被删除的课程就是国际法。

我觉得,小野田的"作战"与其说是固执地继续军事行动,不如说是在一种可以随心所欲破坏的"いたずら(日文汉字:惡戲)"中找到了自己的存在感。所以,也没必要夸大他的执著,相反,更有必要研究的是日本人的转向性格。

转向问题,在战后被日本和外国学者都当做了一个重要研究对象。本尼迪克特在《菊与刀》中提到了被俘日军士兵的一百八十度转变,而整体日本国民在战败后对占领者的恭顺服从也令西方人印象深刻。当时被软禁在长野县的法国记者罗伯特·基兰说,天皇宣布投降的第二天,附近居民就笑呵呵地和他打招呼了。要知道,不久以前,日本人还把美英盟国称之为"鬼畜",地毯式轰炸和原子弹的袭击似乎也没有留下刻骨的仇恨敌意。同样,《朝日新闻》8月14日的社论依旧高喊"对非人道的敌人予以痛击",翌日就变成"一亿人同哭之秋",号召国民"自省自责,自肃自戒"。这等变脸功夫,委实强劲。

在日本学者当中,不少人把目光聚焦于战前和战争中左翼知识分子的转向,即从反战立场如何变成了迎合顺从军部为首的法西斯统治。吉本隆明、鹤见俊辅、藤井省三等思想学者都对"转向"现象进行了多角度多层次的剖析。多说一句,2012年去世的吉本隆明号称战后日本思想界的巨人,地位极高,但他在中国的知名度远远不如女儿吉本芭娜娜。可见中国对日本的了解,大概也就是娱乐和皮毛的程度吧。

吉本隆明指出,日本左翼知识分子的转向,身感大众的孤立是主要原因之一。鹤见俊辅则认为,明治维新后的日本知识界是一种"身份",在权力结构上与国家权力非常接近,也就无法抵御国家权力的无度扩张。根据鹤见俊辅提供的一份1943年日本警方的统计数据,在宣布"转向"的政治犯当中,31.9%的人是出于"国民自觉",还有26.9%源自家庭因素,实际上都体现出害怕被孤立,希望随大流的特点。鹤见俊辅进一步指出,在万马齐喑的军部统治年代里,坚持不肯"转向"的往往是日本社会的底层阶级。这倒也不算特别离奇,在很多外界压力铺天盖地袭来的时候,底层会比上层显现出更加强烈的道德勇气。这些反思不仅是对日本,甚至对包括其他国家的知识人在现代国家权力面前的处境与对应,也具有深刻的借鉴意义。

转向,就很容易联想到变节,并进而涉及操守的评判。但是,在日本文化中,一个最有趣的例子是将棋,捕获对方的棋子可以令其转向,作为己方力量投入战场,和中国、西洋象棋截然不同。一般流行的说法,总强调日本文化中"忠"的特质,而转向的存在,无疑令日本式的"忠"值得商榷。提到将棋,不妨再讲点逸事。战后,美国占领军竟然一度准备禁止"带有军事意味"的将棋,理由之中就提到了"将对方俘虏迫为己用,是违反国际法的野蛮游戏"。而日本将棋联盟派出辩护的升田幸三九段说,西洋象棋的规则等于将俘虏杀害,日本将棋的俘虏不但能够生存,还能按照其才能发挥力量,符合"民主主义"的原则。在他的力陈之下,将棋避免了被禁的命运。不过,世人皆知的是,日本军队在战争中对俘虏的态度可谓最不人道,劣迹昭彰,升田幸三九段的话听起来未免滑稽。

*愁与愈：街头等车的人 ／京都

从中流到下流

众所周知，日本的政坛在战后出现了自民党长期垄断执政权的现象，从1955年到2009年的五十多年里，只有1993年起不到一年的时间里失去过宝座，而2009年上台的民主党，实际上是另一个变相的自民党。自民党唯我独尊的同时，也存在诸多与之或合作或对抗的在野党，其中左翼的社会党曾拥有分庭抗礼的声势，如今却沦为势单力薄的小党（现名：社会民主党）。自民党之所以能一直独大，最根本的原因之一，是拿出了经济高速增长、国民生活水平不断提高的成绩，造就了庞大的中产阶级。中产阶级保守性的"中流意识"，成了自民党的可靠支持。

今天的日本几乎看不到政治性的暴力斗争场景，但直到二十世纪七十年代后期，示威骚乱和恐怖袭击仍有发生。在全球普遍激荡的六十年代，事件就更加此起彼伏，尤其是左翼主导的反安保斗争，多次引发大规模的街头暴动。自民党领导层为了安抚民众，除了发展经济之外,更重要的是让更多的民众享受到经济发展的成果,最著名的政策是1960年池田内阁的所得倍增计划。如今回顾日本战后的经济奇迹,不得不承认这一政策的高明。一方面,民众收入的增加化解了社会矛盾,有助于维护秩序稳定;另一方面,还在经济上推动了消费,便于调整产业结构的合理化。自从这个政策实行之后,不出几年,自民党的最大对手社会党的得票率从三成以上下降到了二成左右。日本经济也因为民众的财富状况改善,得以度过了石油危机和通货膨胀等难题的考验。

收入倍增,把经济发展的好处切实地带给了普通人,中产阶级最大,贫富两头居少的"纺锤"因而形成。1957年,内阁府调查显示,认为自己是中产阶层的仅有37%;但到七十年代,这一数字最高曾达到90%。调查里的"中"还分中上、中中、中下三类,尤以中中自居者为最多。一个"一亿总中流"的词应运而生,这也成为西方发达国家中独特的个例。

中产阶层的"中流意识"一般被形容为保守,但就意识形态分析,此一保守倒未必等于右倾,代表的是一种安于现状的心态。终身雇佣制、福利保障体系、稳定的社会秩序等等,处处强化了"中流意识"。经济学家认为,"中流意识"既是日本经济起飞的结果,也是巩固并推动的力量。不过,九十年代泡沫经济崩溃之后,"中流意识"面临了前所未有的困局。

社会学家三浦展在2005年推出了《下流社会》一书,登时风靡列岛,盖因他一语道破了日本社会的现实风险。这本书已经有中文版，并且陆续出了续集，值得关注当代日本的人细加研读。三浦展指出，日本的基尼系数在逐渐增大，年轻人的低收入群体不断扩大，可能将会出现上流15%、中流45%、下流40%的局面。令他担忧的是，上流和下流的规模都在增长，中流愈发萎缩。而上流的增长集中在财富上，即20%的人拥有80%的财富；下流的增长却集中在人数上，低于国民年均收入的人越来越多。在这种不平衡的背后，社会矛盾激化、活力减退的危机滋长不已。

导致"下流化"的原因有很多，颇难全部表述清楚。但我个人的生活经历，足以验证三浦的论断。特别是雷曼兄弟公司引发的金融风暴之后，贫富差距的表现似乎更加明显。在东京的港区、千代田区、品川区、世田谷区等富裕阶层的活动范围内，高档消费和优裕环境并没有受到太大的冲击。而在江东区、江户川区、北区、葛饰区等庶民的活动范围里，廉价商品的走红和商业店铺的萧条代表了另一种生活。简单地说，有钱人依旧有钱，没钱人更加没钱。2009年的新年，皇宫和帝国酒店毗邻的日比谷公园内，搭起了收容失业人士的救济帐篷，将日本的"下流"一面展示了出来。

这些失业人士大多是所谓"派遣社员"，他们不同于日本传统的终身雇佣社员，只能算临时工，不但不能享受企业的各种福利，甚至可以被随时解雇。小泉纯一郎担任首相期间，扩大了"派遣社员"的适用行业，使得过去一直维持长期雇佣制度的制造业企业，也开始招用"派遣社员"。一旦经济状况不佳，"派遣社员"们就成了首先被放上案板的鱼肉。据不完全统计，日本现在的"派遣社员"人数远超千万，约占劳动者总数的三分之一。

三菱研究所的调查显示，企业为一个正规职员工作毕生要支付1.6亿日元，而临时工仅需5250万日元，不如前者的零头。所以，小泉的政策就是为了减轻企业的人事成本，提高利润。这一点倒是一度做到了，但未免有饮鸩止渴的短视意味。而逼迫小泉内阁作出此一决策的原因，无疑是全球化造就的成本竞争压力。日本的国际性大企业，出于资本逐利的本性，纷纷进军劳动力密集而廉价的发展中国家，使得国内的产业，尤其是制造业迅速空洞化。简单地说，发展中国家的廉价劳动力，无形中也拉低了日本的劳动力价格。

一个人到手的年收入在127万日元以下，就被定为贫困。说实话，即便有房产栖身，这个数字在日本"居"着实不易。日本的贫困率在2009年达到16%，是1985年以来的顶点。下流40%或许尚未到来，16%的贫民已经成为现实。三浦展在书中有一章的标题是"年收入300万日元结不了婚？"，他的结论是确实很难，如果只有150万日元的话干脆就别想。但"下流"阶层不少人的年收入在200万日元以下，他们难以得到女性的青睐。日本女性在寻找结婚对象时，也一样关注经济条件，90%希望丈夫的年收入高于400万日元。而且，三浦还发现，高收入的女性往往和同样高收入的男性结婚成家。这种"强强联手"虽是人之常情，对社会却未必有利。当然，谁也不能根据财产多寡搞强制性的贫富通婚，更不能指望以此来均贫富等贵贱。减少贫富差别，改善贫困阶层处境，需要更大的智慧。

近年日本舆论提到中国社会现状，总是对"格差"（贫富差距）的严重性甚为关切，但日本的"下流"趋势也引起了很多人的忧虑。其实，这是人类社会的共通性无解难题。在任何社会中，人生来都注定是不平等的，所谓的"生而平等"口号实际上往往固着并强化了不平等。虽然政权的职能之一是以各种手段调节不平等，使其勿要过于激化，但拥有权力的阶层又不可避免地企图维护私利，即等于维护不平等。日本在经济增长期内因为蛋糕急速做大，实现了广泛的利益共享，可是当蛋糕维持原样甚至缩小的时候，就必然出现不公平的变化。西方国家里，法国和英国相继发生的骚乱，都和"下流社会"倾向密切相关。日本将来究竟会怎样发展，有待观察。

无论如何，一些敏感的日本人意识到了风险，并尝试着寻找应对之策。三浦展的那本书提出的问题非常深刻，却没什么好的解决建议。他最后期待富裕阶层能把捐献财富当做义务，过分天真了。国会议员们许多身家阔绰，但每年除了多项免费待遇之外还拿着3400余万日元的工资。我见到的最有趣的"创见"，是一位老人投书《朝日新闻》，建议提高彩票的头奖中奖概率，把一人独享一亿日元变成一百人各得一百万日元。仔细想想，好像比三浦展说的更靠谱一点儿。

* 来与往：
脚步匆匆的白发行者
／大阪

钱从何来？

敛・征

即将进入二十一世纪的时候，日本官方机构曾针对国民作了一项舆论调查，询问大家对二十一世纪最不安的忧虑是什么。结果，61.7%的日本国民选择了年金（养老金）制度的不能维持。多说几句，日本人对调查数据的热爱，几乎有一种宗教般的虔诚，所以，官方与民间组织都非常重视舆论调查，主题五花八门，每一年都有一些包罗了诸多调查结果的书籍刊行。我很喜欢读这类数据汇总，因为它往往是社会的镜子、人心的晴雨表。日本的商品经济高度发达，而数据调查也成了一个相当有油水的产业。该业界的第一巨头帝国数据银行（TDB）年营业额四百五十多亿日元，拥有惊人庞大的数据资料，涉及社会生活的林林总总，堪称巨细无遗。

二十一世纪已经过了十年有余，不知道如果再次征集日本国民的意见，他们的忧虑是否不变。我估计可能最多人担心的还是年金的前途，因为核辐射与地震虽然可怕，目前尚且局限于部分地区，但对年金的担忧则是全国性的普遍情绪。果不其然，读卖新闻在2012年1月的民调显示，对现行年金制度能否维持下去感到不安的比率，已经高达93%。

日本的现代年金制度其实并不算悠久，1958年推出至今，不过五十多年。当时，日本经济开始踏入快速腾飞的轨道，前景欣欣向荣。官方拟定的公共年金包括国民年金（二十岁以上六十岁以下的所有国民）、厚生年金（民间企业员工）和共济年金（公务员），雄心勃勃地涵盖了社会各界。以基础性的国民年金为例，这笔钱的三分之二来自人们缴纳的保险金，三分之一由国库补贴。它的用意，是用"老有所养"来消除劳动者的后顾之忧，促进他们的奋发精神，保障社会的稳定发展。

假如把国家看作一个主体的话，年金制度既是其回馈劳动者奉献的责任，也是维持统治阶层利益的手段。不仅是日本，战后的西方国家纷纷建设社会福利制度，都是为了减轻阶级矛盾的"维稳"之举。政府若一味敛财而忽略普通劳动者的福利，民穷国富，涸泽而渔，不但道义败坏，也是有自掘陷阱风险的愚蠢行为。

在日本经济高速增长的"奇迹"阶段，劳动者的敬业、勤劳和秩序感居功至伟，而年金制度让他们缓解了后顾之忧，具有鲜明的积极作用。可是，这个良善制度随着时间的流逝，却日渐变成了一个日本政府与民众都忧心忡忡的巨大难题。目前来看，略微悲观地说，该制度的破产应该是或早或晚的事了。

导致年金制度陷入危机的原因主要有两点，其中最根本的是日本人口的老龄化和少子化。虽然生活在东京这样的大都市，对此感觉并不那么强烈，但社会舆论中早已充满了焦虑。我来日本的翌年，1997 年，官方宣布日本的六十五岁以上老年人口开始多于十五岁以下的儿童人口。这是一个标志性的事件，此后，老龄化与少子化几乎同步扩展。年金制度设立之初的那几代人如今陆续退休，享受起养老保障，而现在的年轻人将不得不供养规模越来越庞大的老一辈。别小看这些老人们，他们支取的金额占据了日本政府财政预算的相当比重，特别是缴纳年金的人在减少，而领取的人在增多，入不敷出成了常态。日本政府将巨额的年金基金投入资本市场，试图以钱生钱，但迄今效果不彰，反而屡屡亏损，窟窿越来越大。

另一个原因是正常应该缴纳年金的日本民众之中，有很多人逃避了自己的义务。一方面，有些人对年金制度失去了信任，压根儿不想加入；另一方面，有些人想搭便车占便宜，有意未交漏交。失去了民众自发自觉的信任和遵守，制度自然就百孔千疮了。年金制度的信誉之所以丧失，主要是因为两大丑闻：一是厚生劳动省社会保险厅在 2006 年被揭露丢失了几千万份国民年金缴费记录，可能影响到数十万人老后的年金领取；二是 2004 年日本政坛刮起风暴，当时的自民党总裁、首相小泉纯一郎和民主党代表菅直人等众多政界要人被曝光未交或漏交年金。这个老底儿随即成了各界名人互相攻击的有效武器，百姓们才发现那么多高官、议员、明星都没交年金。两大丑闻给执政的自民党声誉造成不小伤害，甚至影响到了日后的政党轮替。

年金制度遇到的困境说明了一个颠扑不破的道理：人类不可能设计出一套完美的制度，任何制度的最终结局都是崩溃。应该肯定的是，年金制度的设计者们不管出于何种目的，还是秉持了一点理想主义的立场。他们提出了一个"世代间抚养"的构想，即正在工作的一代人缴纳保险费，为退休的一代人发放年金。然而，老年人多年轻人少的人口结构变化，加上通货膨胀等经济因素，使得"世代间抚养"变调，成了"世代间压榨"，倒霉的永远是下一代。根据厚生劳动省的统计，1935年出生的日本人，也就是战后腾飞阶段的劳动者，今天已经退休，他能得到的年金是他曾缴纳的保险费用的8.4倍，这是一个不错的投资回报率。而二十一世纪出生的年轻人利用同样的制度，将来得到的年金只是缴费的2.1倍。我认识的日本人里面，中年和青年人都有坦承自己不缴年金的，理由就是觉得不公平，因而拒绝。官方的统计数据说，该交而没交的人，大概占三分之一。

往大处说，年金问题实际上对国家这种体制提出了尖锐的质问。根据国民的平等原则，不论贫富都要缴纳定额的年金，这看似普遍性的福利，实则不然。因为有钱人不必缴，没钱人交不起。名义上针对所有人的平等，就变成了真实的不平等。日本政府多年前就声称要改革年金的缴费标准，即根据缴纳人的收入、财产水平来征收不等的费用，但雷声大雨点小，至今仍没有进展。这也难怪，因为国家掌握在有钱有权者的手里，游戏规则由他们制定。

风雨飘摇的年金制度要想勉强维持下去，只能在减少支付金额和增加保险费用上面做文章。但日本政府目前探讨的手段，是通过增税来扩大财政收入。我初来日本时，消费税是 3%，没多久涨到了 5% 并实行至今。现在，日本政府提出在 2014 年 4 月涨到 8%、2015 年 10 月涨到 10% 的方案，民意调查的结果是大多数人表示反对。这种增税的方式仍旧不能解决问题，因为对贫困者来说，一刀切式的增税只会让他们的日子更加难过。从民意调查分析，日本已经出现了较为明显的贫富分化迹象。认同增税和提高保险费的人和反对者各占三成多，前者是不在乎多花点钱，后者则害怕负担更加沉重。这意味着日本曾引以为豪的中产阶级独大的纺锤形社会结构，正朝向哑铃形的贫富两极化渐渐转变。

　　北欧国家以福利制度著称，一个最大的要件是人口太少，像日本这样上亿人的国家，很难实行大包大揽的"平等"社会福利。福利要花钱，而钱又从哪里来呢？这是日本的难题，也值得他国借鉴思考。

*主与宾：快捷酒店服务人员叠好的床单睡衣／东京

商贾之力

帝国数据银行的统计表明，日本现存300年历史以上的企业有435家，200年以上的938家，100年以上的19518家。这些老企业的业务，主要是酿酒、和服制作和旅馆。一家小店铺，若能经营300年不辍，也算是相当了不起的成就吧。当然，这首先需要一个基本条件，即社会秩序没有发生根本性的变化。中国虽然也有所谓老字号，但公私合营中断了传统，今天纵然恢复了招牌，本质却已经变了。

日本和中国的一个重大分别，在于商贾的社会地位与角色。林明德认为："中日双方商品经济和资本主义的发达程度的差异，实为两国近代化成败的原因。"这话有相当的道理。

在大一统帝国出现之前的春秋战国时代，中国已经出现了一些巨商大贾，而商人的社会地位也比较重要。孔子的弟子子贡就是大富豪，被后人奉为财神，也曾任鲁国和卫国的相。当时的诸侯林立状态,给从事商品流通牟利的商人以很大的发展空间。郑国商人弦高在滑国做生意时候遇到了准备突袭郑国的秦军,就以郑国使臣的身份"犒劳"秦军,同时派人回国报信。这个故事一方面显示出了弦高的智慧,另一方面也能多少显示出商人的活跃。不过,在大一统帝国肇建之后,各个政权与商人的关系都变得越来越紧张。虽然子贡仍被后代统治者加封爵位和贤人称号,但占据意识形态主流的儒家将所谓的"义"和"利"对立起来。余英时先生指出,中国知识分子有轻视商人的倾向,政府则不仅轻商,还要抑商,因为商人"周流天下,很难控制"。对于中央集权型的农业国家来说,商人虽然不可禁绝,却是不安定的因素。在《中国近世宗教伦理与商人精神》一书中,余英时指出了明清之际知识阶层发生的一些变化,特别是士人与商人的身份界限变得模糊,以至于出现了不同于原有"士农工商"的"士商农工"新四民论。然而,这种趋势囿于时代的种种限制,并没有进一步发展。直到西方以暴力侵略强迫中国"开放"之时,中国也缺少真正意义上的成功商人和繁盛商业。清朝的胡雪岩、盛宣怀等商人,仍旧不脱传统的依附政治权力的"附庸"本质。换句话说,中国的传统商人不管多么富裕,在政治上都没有地位,财产身家皆受制于统治者的威权。像明太祖朱元璋大量强制迁徙江南富户的政策,充分体现了当政者对商人的掌控和贬抑。

日本的情况则完全不同。

在政权的体制上,日本更类似于中国大一统帝国之前,长时间保持了封建诸侯共存的局面。因而,在诸侯之间的商业活动非常热闹，也造就了发财致富的诸多机会。日本诸侯，包括为首的幕府将军，都是带有浓郁军事色彩的武士政权，而他们对商业的态度是不能为之，又不能无之。所以，日本的四民阶层划分比中国要更加严格，但政治权力对商人的态度要远远好过中国的压制打击，甚至相当倚重，故有"御用商人"之说。"御用商人"既为主公提供日常生活用品的服务，也担任着筹备军需物资乃至收集刺探情报的工作。作为回报，这些商人得到"赐姓带刀"的权利，实为"准武士"。德川家康的个别"御用商人"还能在战场上随侍身侧，地位甚高。江户后期，承平日久，商人的财富力量日益强大，成了武士阶层的债主，才有"大阪商人一怒，天下诸侯惊惧"的说法。以此对照，日本商人的社会地位和角色与中国同行截然不同。

美国学者赖肖尔也注意到了这个问题。他更尖锐地提出：封建制是近代化之母。一般中国人的误解是中日在西方列强入侵时的发展水平相差不多，中国的经济总量远比日本庞大，看上去好像还比日本先进一点，故而对日后的败北尤其难以接受。但赖肖尔认为，江户晚期的日本，在经济发展程度上已经领先于中国，包括经济的制度、机构和企业精神，起点都高于中国。

日本自明治维新开国，精英阶层清楚地意识到了民族国家在竞争环境下迅速崛起的最简单途径：政治暴力和经济实力的结合。这种体制和他们传统的"武士＋商人"并无特别大的差别，于是，过去的"御用商人"变成了现在的"政商"财阀。比如岩崎弥太郎，本来是土佐藩低级武士，投身商界发家，因承担运输军队侵略中国台湾而成长为海运巨头，创立了现在仍大名鼎鼎的三菱财阀。中国在同一时期亦有相似的人物，比如"红顶商人"胡雪岩，但与岩崎不同的是，他致富之后还要追求"红顶"，仍旧把政治上的显赫当做目标。这是中国的环境使然：没有政治的庇荫，中国富豪难以起家；面临政治的倾轧，中国富豪难以自保。胡雪岩的暴发和左宗棠关系密切，而衰败也源于左的失势。所以，赖肖尔提出，日本对私有企业的保护和宽待传统，令商人有安定感，敢于长期投资；而中国政治权力对商业的干涉，使得人们追逐高利贷金融等短期利益，或局限于简单商品交易。这导致中国既未出现日本式的实业家，也没有能够长久维持业绩的大企业。

在战后美国主导的对日本军国主义的清算中，传统财阀受到了一定的打击，因为他们确实扮演了重要的"御（军）用商人"的角色。但是，因为那场清算的极不彻底，财阀为核心的日本商业版图以各种各样的形式得到了保存。岩崎弥太郎开创的三菱系，今天还是有以三菱银行（三菱东京UFJ银行）、三菱商事、三菱重工为中心的企业集团存在，哪怕有些企业的名字上看不出三菱的痕迹，如尼康、麒麟啤酒。在民族国家的竞技场上，日本虽然失去了军部，却由商界担负起竞逐的代表，其战后的优异表现有目共睹。

不过，尽管日本商界在政治生活中有重要地位，却不应被过分夸大。商界最高组织经团联的会长被誉为"财界总理"，是唯一受到警方贴身护卫的民间人士，但目前对政治的影响力究竟几何并不好说。这里必须要考虑到两点。一是日本商界的"御用商人"传统和民族性格，使得他们与"国家利益"紧密地捆绑在一起，很难做出任由商业利益损害"国家利益"的事情，哪怕是跨国公司，最多有时唱个红脸或搅和一番稀泥。二是日本社会体制的变化，令一些政治人物对商界并不那么放在眼里，事实也证明商界缺乏制衡手段。经团联和在野时期的民主党每年举办座谈会，当时的民主党领袖小泽一郎干脆缺席，无损于他随后率领民主党夺得执政权。因此，倘若有人误以为日本商界能在政治问题上"为我所用"，那就过于天真了。

* 东与西：孔庙的背后，十字架不语 ／长崎

松下政经塾的故事

1979年,日本商界的一代豪雄松下幸之助个人拿出七十亿日元的巨额款项,设立了一个名为"松下政经塾"的公益性财团法人。十年后,他告别人世。又过了二十二年,首次有"松下政经塾"的毕业生野田佳彦成为新任日本国总理大臣(即首相),也令这所独特的人才教育机构瞬时间备受瞩目。

在现代汉语中,塾是一个属于故纸堆的词语。作为中国古典教育方式的私塾授业,在科举废止后迅速式微,被新式学堂无情代替。然而,塾无论在纸面上还是在现实中都没有彻底消失。今天日语中的塾,虽然主要指中小学生课外参加的补习班,但"松下政经塾"代表着自幕府末年以来的另一种"塾"之传统。由此也可以说到中日两国现代化进程中的一处分歧:要形式,还是看内容?中国废除的是私塾的形式,日本改造的是私塾的内容。

在幕府末年,长州藩(与萨摩藩同为明治维新的主力)武士、日本历史上的伟人吉田松阴曾担任一所名为松下村塾的私塾教师，培养出了高杉晋作、伊藤博文等诸多维新元勋。虽说松下幸之助创建名号相同的"松下政经塾"，并无继承松下村塾衣钵的意思，却颇有追慕前贤的架势。一百多年前，日本的维新志士经常利用私塾的体制，宣传思想并培育人才。另一位伟人福泽谕吉是在兰学（西学）塾的基础上，创立庆应义塾，即今日之庆应义塾大学的前身。这些维新私塾的共同特点是打破了身份限制，任何人都可以加入，尽管实际上以下级武士居多。而"松下政经塾"除了年龄在二十二到三十五岁之间以外，也不设定任何身份要求，只要有志者皆可报名。不过，这里有一点值得提及的是，松下幸之助在塾的体制上选择了松下村塾式的传统型，没有走庆应义塾的大学路线，要知道七十亿日元建立一所大学也绰绰有余。最主要的原因固然是松下幸之助将政经塾的目标定位于"培养领导未来日本国家政经发展的精英人才"，但要考虑到松下幸之助本人小学都没有毕业的教育程度，以及他创下的商业奇迹，或许能窥见他对现代教育体制的一点看法。

决定中日现代化进程迥异的一大关键在于两国的精英阶层，中国是文士，日本是武士。维新的塾生本来多为武士，如庆应义塾更对入学者进行严格的军事训练。"松下政经塾"在这点上继承了优良传统，对塾生设立了早晨三千米慢跑、一百公里长途步行等体质锻炼的规定，并且有前往自卫队研修的课程。既然要"领导未来日本国家政经发展"，文武兼修当然必不可少。同时，幕末被维新人士们挂在嘴边的口号"和魂洋才",也在"松下政经塾"的课程中得到体现。塾生的最初两个学年,要学习茶道、书道、剑道,甚至还要坐禅、参拜伊势神宫,以培养作为日本人的传统精神。不过,针对现代大学教育体制而言,"松下政经塾"最可借鉴的应该是安排到商场、农村、工地等现场的各类研修活动,多少避免了精英教育容易脱离社会现实的弊病。贵胄出身的前首相麻生太郎在国会被问到方便面的价钱都说不出来,肯定不如"松下政经塾"的毕业生。

"松下政经塾"的横空出世,是松下幸之助的理念一手贯彻而成,展示出了这位"经营之神"在富可敌国之后的境界与追求。与"松下政经塾"并立,他还创办了名为PHP研究所的一家出版社,两者算是孪生兄弟。"松下政经塾"负责少数精英人才的培育,PHP研究所负责面向社会大众的传播。或许,松下幸之助认为这是比电器开发贩卖更加意义深远的事业,否则他也不会在这两个项目上不惜大笔投资。无独有偶,日本的一些企业家巨头都对教育事业情有独钟。丰田汽车的丰田名誉会长、JR东海的葛西社长和中部电力的太田会长也曾联合投资建立了一所要为日本培养"有教养的人才"的"理想学校":海阳学园。与"松下政经塾"不同的是,那是一所只招收男生的中学。

企业家投资创建学校,而且是培养从事政经活动的人才,很容易会有导致政商勾结的嫌疑。所以,松下幸之助在建校之初,就要强调这笔钱是他个人的"私财",并非松下公司的财产。迄今为止,虽然"松下政经塾"的毕业生多数在政商界活跃,但在与松下企业集团的关系上,没有招致任何非议,实属难能可贵。至今,"松下政经塾"的经费仍然依靠松下那笔巨款的本金和利息。在塾生的待遇上,"松下政经塾"能保证其衣食无忧,每个月每人发放二十万日元的研修经费之外,还会根据个人的计划提供一定的活动经费。"松下政经塾"要求塾生必须在校过集体生活,在四年的学期之内享有每月房费四千五百日元的个人宿舍,这个房租仅仅约是市场价格的十五分之一。

但是,"松下政经塾"也会把丑话说在前头。入了塾门,塾生不得求职打工,毕业后塾方也不负责安排或介绍工作。二十二岁,一般是大学毕业后踏入社会的年龄,如果在"松下政经塾"就学四年,日后却无法在政经学界谋得一席之地的可能性毕竟存在。因此,报考"松下政经塾"的人士,基本上个人意向都很明确。通常,每年报名参加选考的大约在三百人上下,被录取者不足十人。这多少也能看出日本社会的一些特点:一是大多数人安于自己的社会定位和志向,不会一窝蜂地扑向松下这块招牌或期待成为领袖;二是政治在日常生活中被热衷被追逐的程度,远远不如所谓官本位文化的社会。

"松下政经塾"的丑话,说的其实也是实话。到 2010 年为止,毕业生 242 人,从事政治领域工作的 104 人,占 43%。进入经济界的有 68 人,学术界 40 人,其他各行各业的 30 人。而在最有资格"领导未来日本国家政经发展"的政治行当里,自 1986 年的第一届毕业生起，虽然每一届都有人当选国会议员，至今共有53人之多，但在政坛一直难以形成气候。其原因在于日本政界在战后的55年体制下，长期是自民党与社民党两大阵营对立。这里要说一下"松下政经塾"的意识形态色彩，尽管从创立起就号称不预设立场，也没有专职教师，以保证塾生的兼容并蓄，但基本上，"松下政经塾"毕业生的政治立场属于保守的右派。保守的右派和自民党倒是合拍，但自民党议员的世袭候补太多，以至于缺乏背景的"松下政经塾"毕业生难以得到政党的支持，没法出头。1990年，数名毕业生满怀热情投入国会选举，只有一人当选，还是拜他祖父父亲都是参议院议员之赐。

  1993年前后，日本政局出现大变革，日本新党、新进党、新生党、民主党等新兴党派陆续涌现，因为需要后备政治人才，"松下政经塾"毕业生这才得到了扬眉吐气的机会。此后到2009年的国会选举，由几家小党合并而来的民主党集结了大批"松下政经塾"门下，仅众议院议员就多达25人，其中也包括前任首相野田佳彦。

  目前，在日本执政的民主党高层中，日本前外相前原诚司、玄叶光一郎等多位人士都是"松下政经塾"出身，可以说渐成气候。可以想见，这会加大意图在政治上有所作为的年轻人对"松下政经塾"的关注，也会在国际上提升这所特殊学校的知名度，但鉴于日本政局的缺乏稳定性，民主党政权的前景难以判断，这一批"松下政经塾"的有生力量究竟能有多大的施展空间还不宜早下结论。

2011年4月,余震未息,"松下政经塾"迎来了新一期入塾的五名塾生(一名女性),清一色的八零后。现任塾长、松下前副总裁佐野尚见在致词中说日本正处于战后以来最严重的危机时段,期待着这些年轻人能够成熟起来,把日本建设成能够得到亚洲、全世界尊敬的强大国家。相信这也是松下幸之助的信念与理想,只是"保守的右派"能不能做到此一点,且让我们旁观。

暗中的美

观看AV的感受，本质上是观淫癖和窥阴癖带来的心理反应，它的普及程度如何是有一定研究价值的。固然有人因看AV导致现实生活中失控的乱性冲动，但那恐怕是在性压抑当道的环境下，而在日本这种性风气开放的氛围里，多数人通过AV缓解了内心的激进性欲，释放了心理压抑的焦虑。

AKB48的色情意味___160

卡拉永远OK___166

好色不是罪___171

日本AV简史___176

AV女优的战国时代___181

表里___186

我欲乘风逃去___191

暗中的美___196

看打架___202

恐怖就在你身边___207

俳之一瞬___212

墙里开花墙外香的王阳明___218

饮食帝国主义___224

越来越辣___232

健康长寿的秘诀___238

日本医生的红包___244

严肃的搞笑诺贝尔奖___249

棒球为什么这样红?___256

女仆变奏曲___262

小强为什么这么强?___268

对谈之乐___272

逐利的传媒___276

道和神道___281

*隐与现:剧团化妆室的帷幕半掩/宝塚

AKB48的色情意味

2012年是中日邦交正常化四十周年,日方推出了走红程度如日中天的少女偶像团体AKB48,担任"日中亲善大使"。放眼今日日本娱乐界,AKB48可谓风头无两,形成了令人不得不瞩目的社会现象,但其深层内涵也招来许多争议。

有一天到一家很小的中餐馆吃饭,看到秋元康曾在杂志上推荐过此间的饺子。这位秋元康,即AKB48的教父,在歌曲作词和商业推广领域拥有不凡成就。我觉得AKB48之所以大红大紫,最关键之处在于秋元康的经营手法。传统的艺人表演活动要保持与观众的直接联系,不管舞台是流动还是固定。现代声像技术的发展,使得艺人的表演活动可以与观众脱离开来,而AKB48的专用剧场演出形式是一种回归;在中国,赵本山和郭德纲在二人转与相声领域也有同样的成功案例。艺人与观众的距离究竟宜远宜近,这是一个难题。窃以为影视艺人因为要扮演不同角色,适合保持本尊一定的神秘感，而剧场表演型的艺人，与观众的接近更加有助于培养忠实"粉丝"。AKB48和其姊妹团体以剧场表演、握手见面会等形式博得了知名度，也营造出"和粉丝共同成长"的氛围，使无数日本宅男死心塌地地甘愿效忠。

不过，AKB48最值得探究的在于她们的少女形象，以及庞大的规模。去年年末晚上，无意间看看红白歌战，被AKB48们吓了一跳，舞台上挤满超过一个加强连的制服少女。此前，AKB48已经被吉尼斯世界纪录认定为"人数最多的流行偶像组合"，这次又打破了日本NHK红白歌战的登台组合人数纪录，大有倾国倾城之势。多年来，日本歌坛一直流行非乐队的多人表演组合，流风影响东亚各地，但像AKB48这个人数级别的团体着实令人震惊，连记住所有成员的名字都要花费一番工夫。写到这里，突然想起小时默背梁山泊一百零八将的往事，感慨一下。

俗语说：三个女人一台戏。四十八个女生凑在一起，单纯是人事管理，其难度就可想而知，也就是集团性格强烈的日本人才能做到。从商业角度讲，这类多人组合追求的是规避风险和扩大效益，受众往往会在其中找到一个看着顺眼的，AKB48的规模将此项机能发挥到了极致：看着花眼。这便是日本评论界有人指出的问题所在。评论家们批判廉价服装商家优衣库能导致"亡国"，有趣的是，亦有评论家将AKB48比作优衣库，即同样以廉价行销、批量复制为模式，破坏了对质量和品位的追求。还好，他们没说AKB48会"亡国"，考虑到粉丝的威力，估计想说也不敢，最多腹诽罢了。事实上，这二十来年里，由于商业操作机制对流行音乐的掌控翻弄，使得流行音乐不仅在日本，几乎在全世界范围内都出现了质量的滑坡。优秀的创作与演唱天才寥寥，能够恒久萦绕于心的作品寥寥，和二十世纪六十到八十年代到处群星璀璨的盛况对比，显得好景不长江河日下。这当然不是 AKB48 的责任。

　　AKB48 真正需要被评论的，是其暗含的比较另类的色情意味。在 AKB48 之前，日本还有"早安少女"等所谓"美少女"组合，这是日本文化研究者不应忽视的分析对象。十年前，我受邀观看中日邦交正常化三十周年的东京纪念音乐会，王菲、滨崎步等两国大牌接连亮相，但观众以政经文化界人士居多，反响并不热烈。最好玩的是一个日本少女组合开始表演时，NHK 剧场的最后方骤然响起一阵欢呼，令前面的观众纷纷回首眺望。那大约是几十名男子，雀跃程度热烈癫狂，仿佛在和台上歌舞的偶像遥相呼应。而节目告终，后面也没了声息，我回头看去，竟然人去座空。我不禁慨叹：这才是从一而终的粉丝啊。

　　然而，到底是什么样的人如此迷恋美少女？他们又迷恋美少女的哪里？为何会达到如此迷恋的程度？我未曾深入细致地调查，本来不好多嘴，却又有些不吐不快。概括言之，和美少女粉丝联系到一起的，通常是宅男。川端康成的《睡美人》中描写耽于少女肉体的老者，背景是男人对衰老和死亡的恐惧，较为容易理解。而宅男的年纪并不大，大致属于青年和略近中年。他们的宅不完全指的是喜欢待在家里，更主要的是精神上的"宅"，涵于虚拟的想象，拙于现实的活动。他们在对待异性关系上,一方面有强烈的操纵欲,一方面又有对挫折的恐慌感,矛盾交织,真假莫辨。少女(幼女)无论体能还是心智都相对较弱,能满足他们的"主人"想象;娱乐界偶像或漫画、电游中的虚拟形象,则可以满足他们不被拒绝的"恋爱"。AKB48与观众、粉丝的互动做法,便于宅男更完美地建构自己的美少女想象,得到他们的狂热拥护也不稀奇。不惜花费几十万日元,只为购买一张AKB48的见面会入场券乃至一张照片,常人难以理解,他们却做得到。

客观地说,这类粉丝的精神状况一般是病态或准病态的。举两个案例,一是青森县某政商豪门的儿子,着迷于美少女电子游戏,因母亲病故受到刺激(注意母亲在类似案例中的角色),先后诱拐胁迫多名少女加以监禁虐待,几年前曾是社会新闻的话题。另一个发生在今年年初,某台湾留日男学生用连捅几十刀的残忍手法杀死本校两名台湾女同学,被捕后举刀自刎。他被捕的地方是名古屋的SKE48(AKB48的姊妹团体)专用剧场,在犯案潜逃中还执意要实现和偶像SKE48见面的愿望。

韩国的娱乐势力近年来积极进军日本市场,以"少女时代"为首的美少女组合也陆续登陆东瀛列岛,但似乎难以动摇AKB48的地位。对比这两种美少女的风格,着实蛮有趣味。按照日本宅男的眼光看来,韩国的美少女依靠容貌整形、修长美腿、艳丽服饰展现出的性感,好像过于成熟,根本算不上少女。滑稽的是,韩国美少女在日本的受众反而有不少女性,她们也许希望自己能拥有"少女时代"般的身材和相貌。而如果跳出日本AKB48粉丝的视角,你会觉得AKB48那种超短裙的学生制服、比"少女时代"更加暴露身体的影像,加上挑逗性的歌词,流露出令人不快的色情意味。我不知道在中国,"少女时代"和AKB48谁能更擅胜场?

在东京涉谷著名的竹下街道,有一家AKB48官方专门店,感兴趣的人不妨去看看,体验日本的"美少女文化"。必须提醒的是,该店铺只接待事先通过网站预约的来客,贸然上门要吃闭门羹的。

* 听与说：参观者和解说员／宝塚

卡拉永远OK

敘話

日本人对音乐的热爱，非常值得一说。

曾看过中年歌手玉置浩二在武道馆的演唱会，想起初次看到玉置浩二的名字，是在二十世纪八十年代香港歌手的专辑文案里，张学友等人演唱过不少他作曲的作品，弹指间二十年俱往矣。在感慨玉置浩二宝刀未老的同时，我发现周围的不少观众在随着音乐打拍子，节奏极准。有的人可能是他的长年粉丝，对他的作品耳熟能详，但也说明他们有不错的乐理知识和乐感。我想这首先得益于日本各级教育中的音乐课程培养，就像扎实的美术教育造就了日本人普遍性的绘画能力一样。另外，日本人的生活中，音乐确实占据了重要的位置，甚至可以说社会里有一种音乐的氛围。在繁华的车站附近，时常能看到自弹自唱的青年人，有的捎带贩卖自制的唱片，有的纯属娱乐表演；在音像店和图书馆，几乎能找到全世界各种类型的音乐作品，数量之多，风格之杂，令人叹为观止。

也就是在这种氛围里，卡拉OK的诞生一点都不奇怪了。

记者乌贺阳弘道在《卡拉OK秘史》一书中提问：日本人从什么时候开始起会在他人面前唱歌？答案在中国的书《魏志·倭人传》里。《倭人传》记述了邪马台国民众在丧礼上，丧主哭泣，余人"歌舞饮酒"。这可以联想到庄子在妻子死后的"鼓盆而歌"，抑或陶渊明《拟挽歌辞》中的"亲戚或余悲，他人亦已歌"。不过，庄子的放歌是为了展现他的哲学思想，而古代日本人的歌舞大概是丧葬祭礼的一部分程序。

一般人对于日本人的印象常有拘谨谨慎之感，但蔫人进了卡拉OK，每每变得生龙活虎起来。我和不少日本朋友去过卡拉OK，居然没见过一位唱得特别差到足以折磨听众耳朵的，最不济的也有那么一两首看家本领，唱出来像模像样。倒也难怪，他们如果从中小学起就流连卡拉OK的话，几十年下来，再怎么音痴乐盲，也不至于一无是处了。需要说明的是，一些大型卡拉OK连锁店在白天针对中小学生的优惠价格极为低廉，半小时十日元的水准，已经和免费差不太多。学生们放学后，未必为了唱歌，只是三五好友找个厮混的去处，卡拉OK是无须多少开销的选择。

1999年底，美国《时代周刊》曾评选二十世纪最具影响力的亚洲人，日本有六人入选，昭和天皇、盛田昭夫、黑泽明、丰田英二、三宅一生，还有一位大阪出生的井上大佑。井上就是卡拉OK的发明者，按照卡拉OK在人类生活中，特别是在东亚的风靡程度来讲，这个荣誉实至名归。可是，在卡拉OK的发明者归属上，一直有些争议,像乌贺阳弘道就认为是东京的根岸重一推出了日本的第一台卡拉OK机。但总的来说,赞同井上大佑的观点长期居于主流。

从卡拉OK机到卡拉OK产业,高速的经济成长是最大的推动力,企业交际和民众娱乐的繁盛掀起了一波又一波的卡拉OK热潮。其中,称得上革命性变化的是所谓"通信卡拉OK"体制的建立。"通信卡拉OK"的发明者安友雄一博士,专业本来是核能研究,却在这个毫不相干的领域取得了惊人的业绩。他的创举是利用光缆来传递数码化的音乐作品,一方面便于发行方管理歌曲的散播范围、播放次数统计、更新频率等等,另一方面使得卡拉OK店铺不再需要储存大量的CD,亦便于连锁经营。事实上,这个变革的基础就是互联网,它的产业化是在1992年,走在了电脑互联网普及的前面,称之为IT先驱也不为过。

据2005年的调查,日本设置了卡拉OK机的商业店铺共计219400所,主要分两大类,一个是专门的卡拉OK店,一个是有异性陪侍的夜总会,两者泾渭分明。而翌年的另一个全国大型调查数据更是表明,日本真不愧是卡拉OK的母国。在被问及去年一年里的休闲娱乐活动内容时,4540万人选择了卡拉OK,高居第四位,仅次于外出聚餐、国内观光、驾车兜风。排在第九位的是4040万人选择了音乐鉴赏,2460万人选择参加音乐会、演唱会,排在第十九位。说日本人热爱音乐,这个数据就是切实的佐证。

日本的卡拉OK产业年产值大约在11000多亿日元,比化妆品业13000多亿相去不大,是一个相当庞大的产业。它的稳定存在等于是日本音乐界的可靠屏障,因为通信传输的技术可以详细统计歌曲被点播的次数，而这使得音乐著作权协会得到版权费用，再分发给歌手和词曲作者。我听友人说过，我们每在卡拉OK店内选唱一首歌，就要支付七日元的版权费用，但也有说法称每首歌只有两到五日元，究竟是多少恐怕要向音乐著作权协会查询。不管怎样，这个几日元的细微数目，却因规模汇集成了巨额的金钱。几年前，曾有机构统计过日本的娱乐界人士（日语说法是"艺能人"）当中，从艺以来的财富收入排行榜，前十名竟有七位歌手，显赫一时的小室哲哉以96.62亿日元高居榜首。这么多钱，他后来还弄得诈骗破产丑闻缠身，委实够能折腾。前三十名中有十六位歌手，大多是创作型，词曲唱包办，肥水不流外人田。

　　文体名人的收入永远是吸引老百姓眼球的八卦，日本的统计依据来自纳税额，从交纳税金多少能大致推算。通常在这个榜上把持前列的，不外乎知名音乐人、棒球运动员和漫画家。很多早已退出乐坛的老一辈，也能凭着当年几首脍炙人口的作品在卡拉OK被人不断点唱，至今仍源源不断地收钱。比如前面提到的玉置浩二，据说他每年从卡拉OK得到的版权费约为两千多万日元。这个数字并不太大，是他要和安全地带乐队的成员一起分享的缘故。

　　音乐人的版权收益还来自唱片的贩卖，但那个市场只是卡拉OK产业的一半左右，所以，你在卡拉OK里唱的每一首歌，都和音乐人的荷包有密切的关联。我在卡拉OK里常常要点些自己喜欢的冷门歌曲，不为别的，就希望能以微薄的捐款，来表达对创作者或演唱者的一点敬意吧。

*疏与繁：疏落的背影在桥上，繁密的樱花在水畔 ／东京

好色不是罪

好色，在中文里无疑是个贬义词，但是在日语中的批判意味似乎并不那么强烈。对这个情色文化大国来说，周刊杂志上的裸女图片、体育日报里的色情店铺介绍、书店中的全裸写真集……都显示出了好色的普遍性与正当性。而且，不仅是男人好女色，女人亦好男色。朋友讲过一个故事：她打工的超市里有一位年轻帅哥同事，因故将要辞职，一起干活的某位大妈（五十来岁）在休息室里大大方方地叫住帅哥，给他自己的电话号码，约他有时间同乐，特意说明："我的下身还可以那个啊。"在场的一众中国人听得目瞪口呆，大妈却说得坦坦荡荡。这倒还真不是特例。在韩流集散地的东京新大久保，天天都能看到成群结队的大妈，对韩国男明星的"帅气"照片大发春心。

我们国人从小在性教育上被灌输的种种禁忌和规范，在日本几乎都被颠覆了，这倒不是说日本人在性文化上就如何淫乱猥琐，事实上，任何国家任何民族的性现实中都有淫乱猥琐的成分，堂堂正正的似乎比伪善装假的更好些吧。

人类原始文化中常有性崇拜的现象，尤其是对生殖和生殖器的崇拜，中国有日本也有，东方有西方也有。但随着时代的变迁，在很多社会发展较快的文明里，这种崇拜已经渐渐微弱淡薄，有的甚至已经消泯。奇怪的是，日本在一定程度上仍然保留了不少性崇拜的遗风，和它的经济、文化发展水平形成了比较鲜明的对比。

最常见的，就是"祭"。

初来日本不久，遇上住所附近的街区举行"祭"，着实吃了一惊，原因是众多男性近乎赤裸的下身。虽说我们常见的夏天光膀子被认为不雅，但这种仅有一条兜裆布的穿法，似乎更加粗俗。就像过去日本人嘲笑清代中国男性的辫子是"猪尾巴"，而一些日本武士的发型比辫子更加滑稽丑陋，他们却认为象征了勇武威仪。这样的古怪发型，可以和较原始社会中的男性发式相对照，同理，"祭"活动中的裸身，亦充满了原始的粗放气息。

"祭"本来也是中国传统的重要活动，分官方和民间两种，官方的经过长期演变，早已程式化典雅化；民间的则从元代起，因为统治者禁止民众大型集会而日渐衰微。从这个角度上说，日本的"祭"没有受到更多的外来宗教流入、民族融和等影响，保持了较为原始的面相。通过电视等影像，日本某些地区以生殖器雕像为主题的"祭"，其火爆程度更加夸张。在今天的日本社会环境下，发达的现代工商业文明与古早的性和生殖崇拜仪式，形成了巨大的反差，这是我初见"祭"诧异的原因。

并不是所有的"祭"都带有情色内容，一般的街区夏天都会筹办名为"祭"的活动，大抵相当于邻近居民的集体纳凉晚会。只是那些性崇拜的"祭"太过惹眼，才会引起外来者的关注。这一经历也许会让他者反思自己所属民族的性文化。确实，很多民族在性文化的表现上远不如日本这么张扬粗犷，有更多的禁忌与规则。然而，此处要注意的是切勿轻率加上道德的评判。《论语·子罕》篇中，孔子说了一句话："吾未见好德如好色者也。"他老人家当时受了挫折，一肚子怨气，但说得很实在。食色性也，这是生命的两大本能，不管是男慕女色还是女羡男风，甚至同性相恋，皆可以正常自然地看待。真好色，或比假好德更诚挚坦率吧。我一友人恋爱经历丰富，他对相处过的日本女生最深的印象，是对方并不觉得和男性的肌肤之亲是被占了便宜，自然也不会以此为筹码要求男性如何如何。日本女生当然也多有将自我商品化的，但那是在商业领域，并非谈情说爱时的招数。

窃以为日本人之所以如此"好色"，还有自然环境的因素。列岛地震火山台风海啸，一年四季灾害频仍，对于原初住民是莫大的心理威胁。生命的骤逝，部族的存亡，在这样的恐惧压力之下，造就了日本人对肉体之美的敏感，对生殖力的向往与推崇。一方水土养一方人，大抵是这个道理。

清季主张变法图强的康有为曾在其"废庙办学"呼吁中痛批中国民间的宗教信仰，称拜神习俗让"欧美游者，视为野蛮，拍像传观,以为笑柄",与非洲蛮俗等同,是"国之大耻"。他虽来过日本,但应该没有见过那些蛮俗色彩强烈的"祭",否则又不知他会如何评价。世间的种种奇特现象,其源流必有所本,原不要轻易评判结论才好。

＊勤与嬉：吉野山仪式上的军乐队女孩，休憩时大声说笑着

／奈良

日本AV简史

前一册拙作出版后，读者感想的反馈中，对日本AV（成人色情片）希望了解更多的朋友很多，让人对这个 Made in Japan 的独特产品在中国的影响力刮目相看。可如果不是业界中人，或者有专业人士引荐介绍的话，恐怕作为外国人很难对该行业有深入的体察。所以，我充其量也只能作为一名普通观众，讲点日本AV产业的花絮逸事。

严格地说，日本AV产业的滥觞是1981年，至今不过三十余年。其发祥离不开技术的进步，即手提摄像机和录放机的普及。自二十世纪六十年代起，日本已有色情内容的"粉色电影"，在一些专门小影院放映，但那是胶片摄制，而所谓AV的V来自Vedio（录像带），拍摄工具变成了摄像机。这是个革命性的变化，毕竟，能接触并利用胶片摄影机的人士并不会多，而家用摄像机使得AV的创作更加简捷和大众化，此乃AV蔚为潮流的基础。从内容上看，"粉色电影"

往往还有故事情节，亦有不少年轻导演初试啼声的习作，相当于我们通常说的"三级片"；但 AV 则单纯以展示性行为为核心，多数没有故事情节。

由于日本法律规定公开发行的 AV 作品在某些部位必须进行马赛克处理，1982 年就出现了私下贩卖的无处理作品，一部《洗衣店的女孩》录像带售价两万日元，居然卖了十万盘以上。要知道今天在街头还有人推销无马赛克处理的 AV 光碟，一万日元可以买四五张，当年的价格之贵可以想见。因为利润惊人，1983 年报到"日本录像带伦理协会"申请审查的作品就超过了一千部。而标志着 AV 产业化的重大标志，是针对个人出租录像带的商业模式完全确立起来。现在的日本影像制品出租店，仍然都有挡着"未成年人严禁"门帘的 AV 专区。产业化之后，AV 女优应运而生。1984 年，田所裕美子作为真正的专业 AV 女优登场了，在她之前的女演员基本上来自"粉色电影"。日本 AV，从此开始加速发展。

二十世纪八十年代后半至九十年代前半，是日本泡沫经济最盛的阶段。家用录放机的普及率达到了 40% 以上，录像带出租店在全国突破了万家，AV 成了年营业额一千亿日元的巨大产业。但是，随着泡沫经济的破灭，AV 产业也面临了空前的动荡。一方面，许多 AV 制作和发行企业因资金问题宣告破产；另一方面，微软的视窗 95 宣告了个人电脑时代的来临，加上不久后的网络出现，AV 进入了全新的数码时代。

1995 年，由 AV 制片人高桥创办的新公司 SOD，推出了一盘

2980日元的贩卖型AV作品,打破了以前只能租借(无处理的非法作品除外)的局面,并且和固定的AV女优签约,将"专属"女优控制在企业旗下。第一位吃螃蟹的女优是森下胡桃,她和SOD签下了出演十二部作品的契约。这个纪录在2002年被美竹凉子的三十二部打破。

贩卖型AV的激烈竞争,令作品的内容愈发过激,大有你追我赶之势。特别是DVD的亮相,使得作品在马赛克处理方面有极大的改观。有趣的是,以前的二十余年里,日本AV界存在不少"真戏假做"的现象,被称之为"疑似"作品。一些退出业界后的人士曾承认,当年某某作品是利用马赛克遮掩的造假。但DVD的马赛克越来越清晰可辨,同行竞争又使各家不得不鼓吹"薄码",这种"疑似"做法在2005年前后寿终正寝。没办法,顾客骗不了啦。

2005年的另一个重要现象是,规避日本法律、设立于海外的无处理作品发布网站大批涌现,这进一步加剧了传统录像带的衰败。翌年,AV作品在日本已经不再以录像带形式发行,Vedio的名字虽然还在,但录像带已走入了历史。由始至今,AV都和技术的发展密切相关,2010年出现了家用3D版AV作品,下一步的趋势是用手机观看。

AV产业的正规化标志是,各家制作公司组成的行业协会被日本经济产业省纳入了官方认可的行业协会管理机制。作为商业类型的AV,或许算是修成了正果。接下来,日本的AV界还会发生什么样的变化,笔者不敢妄言,仅以苍井空等女优在中国的红火程度来看，没准有商品输出的可能性。地震前，朋友介绍我去参加过一场 AV 女优的见面会，主办方对"中国市场"似乎颇有想象。

最后斗胆说几句日本 AV 的文化内涵，因为我觉得这是需要学养才能触碰的话题，尽管只是色情影像制品，却是研究一个国家、民族的文化和集体心理特征的重要素材，我没那个条件。窃以为，观看 AV 的感受，本质上是观淫癖和窥阴癖带来的心理反应，它的普及程度如何是有一定研究价值的。固然有人因看 AV 导致现实生活中失控的乱性冲动，但那恐怕是在性压抑当道的环境下，而在日本这种性风气开放的氛围里，多数人通过 AV 缓解了内心的激进性欲，释放了心理压抑的焦虑。

在那些贩卖或出租 AV 作品的店铺里，顾客基本上都是男性，有青年也有中年。他们挑选自己喜欢的作品，和女性在商场的服饰货架前翻来拣去没任何分别。统计调查表明，在日本，即便是已婚男子，每周自慰的比率也很高，AV 作品当然是必要的辅助品之一。繁华街区甚至还有一类专供观看 AV 的店铺，为在家里不便欣赏的人备有狭小的单间休息室。从这个角度说，AV 的意义在于提供了一种想象，不要小看这个想象，事实上它有些接近自我心理治疗。

关于 AV，暂时说这些，接下来谈谈 AV 的主创：AV 女优。

＊动与静：看不见的风，摇曳的芦苇

／长崎

AV女优的战国时代

　　AV女优这个词,已经在当代汉语中获得了一席之地,或可算是日语"汉化"的最新例子。而苍井空在中国的走红,亦从侧面验证了AV女优作为一个特殊职业的巨大影响力。关于AV女优的种种传闻逸事,很多国人都满怀猎奇之心,既然大家想看,我就参考此间各类材料介绍一二。

　　1984年,被认为是第一位AV女优的田所裕美子正式出道。至今的三十年里,著名的AV女优大致有以下各位:饭岛爱(1992年)、小室友里(1996年)、森下胡桃(1998年)、美竹凉子(2002年)、苍井空(2002年)、夏目娜娜(2004年)、小泽玛利亚(2005年)等等。这个职业群体的诸般变化,也能反映出日本社会几十年来的某些陵替起伏。

　　不难看出的是,近年来的日本AV女优比过去更加"群星璀璨"了。直白地说,美貌和兴旺程度都大为增长。有数据为证。二十世纪九十年代后期为止，AV女优的总人数大约为700人，每年涌现出的新人在50人上下。但如今，和各家制作公司签约的AV女优总人数6000—8000人，每年大概有三分之二，也就是说4000—6000人被新人替换。这意味着每天都有十多名生力军加入AV女优的阵营，可谓惊人。

  我曾应朋友之邀去参加某公司的观众联谊活动，主办方当场推出两位新人，看上去就是街头常见的略有姿色的女孩子。传统的AV女优发掘方式多是制作方人士在街头尾随搭讪，现在也有，独行的漂亮女生在新宿、涉谷等地都会遇到。新的方式则是在各类媒体刊登"募集模特"的广告，甚至也有女生主动找上门来。过去的街头搭讪而来的姑娘，有时到了片场临时反悔，更有的因为受了"上电视节目"之类的哄骗而吵闹起来，总之，纠纷极多。今天的状况基本上已经改观，那些女孩子很清楚自己要做什么，抵触不大，制作方可以省去一番口舌。

  为何新一代日本姑娘中从事AV女优的人如此增多？最直接的答案，当然是为了金钱。这话倒不完全对。因为和过去相比，AV女优的金钱收益不但没有水涨船高，反而不断下滑，甚至到了不可想象的地步。一方面，免费下载的影像泛滥，冲击了AV作品的市场，目前每年虽有30000余部AV作品问世，但市场规模4000—5000亿日元，比往日有所缩小。一部作品的制作费最高曾经可达1000万日元，眼下有的仅为其十分之一。另一方面，AV女优的数量大增，也造就了"僧多粥少"的激烈竞争局面，称之为混乱的战国时代并不为过。

那么，AV女优到底能赚多少钱？

1998年亮相AV业界的森下胡桃目前从事写作，她回忆自己十九岁时踏入AV行业，以和制作公司一气签下12部作品合约而闻名，但报酬并没有想象的那样丰厚，最高的月份不到150万日元。1996至1999年间，小室友里是日本最红的AV女优。她虽已引退，但和业界人士还有往来。据她说，当年她出道时出演一部作品的报酬至少是100万日元，此后逐渐下跌，退出前每部约70万日元。而现在的新人，有的处女作报酬只有5至10万日元，实在让她大感震惊。据媒体披露，如今的AV女优酬劳还有更令人瞠目结舌的，名叫红音的女优在电视节目中说，最差的时候拍摄一部居然只有3万日元的报酬，收入最高的月份也仅有80来万日元。2012年春，一位名叫杏树纱奈的姑娘很大胆地晒了自己的收入。她从事AV女优总共约三年，总收入是1823.45万日元，银行存款还剩下393万日元。最多的一个月里，她赚了312万日元。这个金额并不能说具有暴富性的诱惑力，若以一位普通公司女职员年收入250万日元的水准，也就是七年的水平。她本人对自己的选择颇为后悔，觉得为了这样一笔钱把身体商品化很不明智。

金钱的诱惑并非主因的话，那么是为了出名？AV女优起家，成功转身为电视名人的饭岛爱是最著名的例子。另一位2000年出道的及川奈央，金盆洗手后进入演艺界，成为小有名气的演员，还在国营电视台NHK的重头电视连续剧中扮演了角色。也许有些满怀明星梦的少女，期待着走她们的道路，由 AV 女优进军主流演艺界，但那样的概率实在太小太小。

纪实文学作家中村淳彦写有多部关于 AV 女优的专作，曾和大批 AV 女优做过访谈对谈。他的观点是问题出在新一代日本女性的心灵。

中村淳彦提出了一个有趣的概念：承认欲求。在他看来，这些女性从小就缺少被认可被肯定的经验，心灵处于空虚寂寞的状态，而变身 AV 女优之后得到的"真美""性感"之类的赞颂满足了她们的"承认欲求"。因此，即便是作为 AV 女优的收入不能维持生计，也还是有大批的年轻姑娘投身其中。这倒可能应了那句话：姐演的不是 AV，演的是寂寞。

中村淳彦认为，日本的 AV 业界目前处于女优供给过剩的困境。他没有提到如何改善的办法，其实苍井空在中国的声名鹊起已经指出了方向。

***冬与春：**
风吹醒的花蕾，传递了季节的轮换

／熊本

表里

我来日本后的第一份短工，确切地说是和色情业相关的。

语言学校的同学介绍了一个上海人阿平，他交给我一千张色情录像带的宣传单，让我挨家挨户地投递到信箱里，报酬是四千日元。这一千张全部发放完毕，大概需要步行三四个小时。我发了三天后，因为担心违法决定辞职，但那家伙得知我要不干，就再也联系不到了，令我没能拿到工钱。有趣的是，当年我奔走过的街市，恰好是十年后的居所所在。触目所及，那些似曾相识的建筑，让我回忆一路走来的种种，总有万千感慨。

这些宣传单之所以违法，是由于上面推销的全部叫做"裏ビデオ"（意译的话是无码色情录像带）。与"裏ビデオ"相对应的，还有市面常见的所谓"表ビデオ"。两者都是色情录像带，区别在于出演者性器官的直接暴露与否，以及前者违法后者合法。我给别人家里发宣传品，自己家的信箱里每天也都要被塞进几张。在那个网络技术尚未普及的年代，今人所说的"无码"作品需要这种直销手段。

表和里的对应，一度是日本社会的一大热门议题。除了"裏ビデオ"，还有"裏本"，就是性器官完全暴露的色情画册。日本社会那些年曾有持续的论战，或可称之为"阴毛之争"。伊恩·布鲁玛把这当做日本人表里不一的虚伪道德观念的展现："在大众娱乐方面，强暴、虐待狂、酷刑，所有这些都是许可的，但是官方的底线则画在阴毛的暴露上。这更令人回忆起学校老师测量学生那一头乱发的长度，而不是指点其深刻的道德信念。"

确实，我当时也对此深感不解，反正都是色情片，难道在男女性器官上加上一团马赛克就会降低败坏社会风气的危险吗？一位日本友人的解释是，适当的马赛克增加了朦胧和含蓄的气氛，藏而不露，符合日本的传统美学观念。这个说法听起来蛮有道理，但后来我发现他也未能免俗，还是收藏了好些"裏本"和"裏ビデオ"。

"裏ビデオ""裏本"的全盛时期在二十世纪八十年代，很多是独立制作。"裏ビデオ"虽然图像比较粗糙，内容也很单调，但其"口碑"建立在"真实"的基础上；而"表ビデオ"的制作相对精良，却会受到"真戏假做"的质疑。更有趣的是，围绕着表里的纠葛，这团小小的马赛克成了国家与社会之间的斗争焦点。

1988年，昭和天皇病危，日本警方借整肃社会风气为由发起打击行动，逮捕了大批"裏ビデオ"制作业者。几年后，"裏ビデオ"东山再起，我发宣传品的时候大概是其最后的辉煌。另一方面，日本各界包括部分知识分子也持续和官方展开斗争，换来了官方将马赛克的方块数量减少5%的"退让"。这场斗法具有一种日本式的滑稽色彩：依据什么算出了5%的数字？5%的增减会保证公共道德的安全吗？正如伊恩·布鲁玛所说，日本的色情音像制品中有很多比那团马赛克更具威胁的东西，可那似有若无的法律就是盯着一小团马赛克紧紧不放。前年，李安的电影《色，戒》在日本公映，被定为成人限制级。有朋友为了梁朝伟和汤唯那大尺度的床戏，满怀期待前往电影院一睹为快，回来懊恼地说："日本怎么这样呢？居然还打马赛克！"

　　与色情音像制品上的表里不一类似的，是日本的色情服务业。日本法律规定不允许卖淫买春，一般的色情服务店铺都声明禁止提供"**本番**"（性交）服务，可曾因"土耳其浴室"诨名引起外交纠纷的"ソープランド"却可以公开营业。"ソープランド"店铺目前在日本全国共有一千二百余家，堂皇的说法是单间型的浴室，室内有女性服侍，在双方都同意的基础上可以发生性行为。男性顾客支付给店家的仅仅是"入浴料"，为表达谢意而赠给服侍女性的金钱并非买春。"ソープランド"被日本警方称作"特殊的业务形态……容易成为卖淫的温床"，如果采取强力手段搜集证据，固然会抓到其马脚，但也会侵犯人权。这种说法的可笑之处在于谁都清楚，"ソープランド"的"**本番**"是不折不扣的卖淫。但何以并不违法，这就是表里的学问。

　　事实上，在我初到日本的几年内，尽管"裏ビデオ""裏本"名义上违法，繁华街区里也常常能看到贩卖的店铺，并未遭到警方严加取缔。那些塞入住户信箱的宣传品清楚标明了贩卖者的电话号码，如果警察想抓人易如反掌，而我的担心仅仅是因为自己外国留学生的身份。依照日本法律，针对外国留学生可以从事的工作有着各种限制，违反者可能会受到处罚。

"裏ビデオ""裏本"的退潮，源于科学技术的进步。一个是DVD的普及，使得出版者得以利用高清晰的像素实现"薄马赛克"的境界，中文称之为"薄码"，比起过去录像带的视觉效果有了欲盖弥彰的效果，更出现了完全无码的"裏DVD"；另一个则是网络的传输，出版者以日本以外的国家、地区为据点，通过网络向日本境内传播"无修正"（无码）影像作品，无论国外发送或日本国内接收都不违法，造成了"事实合法"的状态。

"裏DVD"或"无修正"作品的网络贩卖公司，多数把地址放在了美国的夏威夷州和加利福尼亚州。最好玩的是其中两家著名的厂标，一个叫"虎！虎！虎！"（日军偷袭珍珠港时的电报暗语），一个叫"神风"，搞得好像要发动新一轮太平洋战争再次进攻美国，可他们不远万里跑到美国挂号，不过是为了色情电影的"出口转内销"罢了。

* 光与影：
街头的夜雨，在霓虹中闪着光

／福冈

我欲乘风逃去

四十岁以上的中国人大都记得当年风靡一时的日本电影《追捕》,高仓健扮演的检察官杜丘被人陷害,踏上逃亡之路。但是,日本是个不大的岛国,逃亡并不容易。据警方的统计,正在通缉的犯罪嫌疑人大约有一千四百名。其中,一半左右的已逃往日本国外,剩下的大多数在列岛之内过着逃亡生活。

日本的各交通设施或警察派出所,向来都贴着一些被通缉的逃亡犯罪嫌疑人的告示。看了很多次之后,名字和相貌都非常熟悉,甚至胜过电视上的明星。不过,逃亡者的容貌神情肯定变了样,即便在生活中真的遇到本尊,我恐怕也认不出来。

2012年日本警察最大的两个收获,莫过于终于抓到了奥姆真理教最后逃亡在外的要犯高桥克也和菊地直子,而另一位要犯平田信已经在2011年最后一天自首投案,对奥姆逃犯的追捕终于落下了帷幕。

在日本生活的十几年里，最轰动的被捕逃亡者除了奥姆真理教的三位，还有2000年的日本赤军前领袖重信房子，以及2009年的杀害英国女性的市川达也。媒体对这些案子表现出了极高的热情，民众也津津乐道，毕竟，大家对那些通缉令上的人物实在是太熟视了。

重信房子的逃亡生涯长达二十六年，但那有冷战特殊的时代背景，昔年的"恐怖女王"大部分时间待在海外。二十世纪九十年代以后的日本国内逃亡者中，奥姆三人以十七年为最久。据警方透露，平田信和一位女性奥姆信徒同居，一直潜伏，从不外出，白天由该女性信徒买盒饭给他充饥。他何以突然选择自首，动机至今不明，可能是前所未有的大地震给他精神上不少触动，厌倦了无尽的藏匿日子。而高桥克也和菊地直子曾共同生活，后来分开。菊地直子在打工时与某男子相识同居，当那男子向其求婚时，她坦率地表明身份，称自己不能结婚。据说，举报她的是那男子的兄长。

警方对这一系列的成就或许没有做好准备，有趣的是，平田信到警视厅本部自首时，居然被守卫警察认为是来捣乱的闲人，他才去了另一处警署。菊地直子在住所被盘查时，也一度被误认为不是本人。

日本法律曾有十五年诉讼时效上限的规定，直到2010年修改，对杀人等重大犯罪不再适用，但是，随着时代的变化，逃亡似乎难度越来越高。九十年代末以来的几个大案，被捕的逃亡者最多逍遥了三五年。手机和网络的普及，监控摄像头的增加，官方机构资料管理的数据化,都给逃亡者增加了重重困难。几百万甚至上千万日元的悬赏金,令普通民众也"侦探化",像市川达也虽然整容,还是被人认出并揭发。要知道,日本的推理小说极为发达,广大群众必然深受熏陶。

　　菊地直子是 2012 年 6 月 3 日被捕,高桥克也 6 月 15 日就擒。德国有部电影佳作《帝国的毁灭》,讲述希特勒最后的十二天生活。高桥克也最后的十二天逃亡,也堪称跌宕起伏。在看到菊地直子落网的新闻后,他立即开始踏上新的逃亡之路。而日本警方为了抓到这位仅存的奥姆逃犯,采取了空前的方式,除了不断公开他的照片、录像和笔迹,更有心理学家在电视节目上分析他在同伙被捕后的心理变化,甚至用现场直播的形式让负责一线搜查的警官亮相,介绍案情进展。连续十多天的密集报道,令民众的关心程度大为高涨,终于在高度动员起来的普通人当中得到了有价值的情报。6 月 15 日上午,警员在东京莆田的一所网吧内将高桥克也擒获。著名推理小说家宫部美雪的代表作《模仿犯》里,凶手参与媒体节目,炮制所谓"剧场型犯罪"。而追捕高桥克也的过程,或许可以称之为"剧场型搜查"。

　　警方的追捕范围之所以重心放在东京,是被捕后的菊地直子说,高桥克也曾讲过"潜伏一定要在大都市,不能去地方"。确实,熙攘的都市虽然有更大的风险,却也给了逃亡者更多的机会。1990年杀人后逃亡的冈下香在五年多后因涉毒落网,他在繁华街区开了一家夜总会倒不稀奇,主要客人竟然是茨城县的警方人员。用他的话说，这就是"灯下黑"。日本的侦破推理小说颇多精彩之作，现实生活中的逃亡故事也不遑多让。

说到这里，换个话题，就是我一直耿耿于怀的中国为什么缺少好的侦破推理小说。事实上，以中国当代世相为背景，应该是产生此类作品的极好催化剂。可惜的是，优秀之作凤毛麟角，大部分打着侦破推理的旗号，实则可冠以玄幻、浪漫、感伤、恐怖等种种头衔，侦破推理的成分极为有限。当然，国情的限制是绕不开的主要因素，但即便仅仅谈逻辑推理，当今文坛亦乏善可陈。日本侦破推理小说的强大，光是各种知名奖项就让人眼花缭乱，江户川乱步奖，日本推理作家协会奖……咱们为什么就不能学习学习呢？

不只是侦破推理，日本的大小文学奖多如牛毛，像芥川奖的颁布，不管水准如何，还是众所瞩目的大事儿。一个作家，完全可以凭借芥川奖一夜之间洛阳纸贵。何谓差距？这就是。中国的企业、富豪会有这雅兴吗？我在前一本书里就说过，哪怕附庸风雅，至少还说明了对风雅的心向往之吧。

* **胜与败：**
随处可见的赌博弹子房／东京

暗中的美

故证

很多年没有体验到停电了。

"三一一"大地震之后,那个三月末的黄昏,坐在家里看着天光一点点变暗,最后,整个房间完全沉浸到浓重的夜色里。走到窗口眺望,往日灯火明亮的街区一片漆黑,宛如被废弃的古代小城。停电意味着失去了取暖设备,失去了电视、电话和网络的资讯来源,甚至也失去了自来水。我们之前没有准备蜡烛和半导体收音机,现在能做的只剩下拿着手机坐在黑暗里。

这是非常难得的与黑暗相处的经验,或许适合内省与冥想。但当灯光突然重新亮起,我还是舒了一口气。

大震初歇,为了应对核电站停机导致的电力供应不足,日本政府在东京周边地区推出了区域轮番停电计划。从计划的内容来看,这是一个未经详细论证的应急手段,带有一定冒险色彩,显示出了官方在突发性重大灾害压力之下的急迫感。其冒险色彩主要体现在停电的地域内不分青红皂白，连交通信号灯、医院等电力供应都被停止；另外，如果没有手机和半导体收音机的话，停电区域内的居民就失去了外界的信息来源。好在日本民众表现出了良好的秩序感，加上地方政府机构全力维护，老天也没有添乱，停电计划在实施了几周之后宣告中止。但是，草率出台的计划还是遭到了来自各方面的批判，焦点之一在于为什么东京能置身事外无须停电，而周边的茨城、千叶县作为受害灾区却被纳入停电范围。官方辩称东京是首都，必须维持正常的运转机能；反驳者则指出东京巨大的电力浪费才最应该被抑制。争吵虽然随着计划的休止而平息，却提出了一个严肃的问题：浪费。

此后接到日本某著名周刊的电话采访，问及身为外国人对本次地震及核危机的感想，我作为客居者，不好多说，只是表达了对停电计划的质疑。人类在城市生活中退化成了严重依赖电力的弱者，假如城市真的变成黑暗森林，诸般麻烦必定接踵而来。我的意见是不能按地域一刀切地断电，而是依照行业实施节电，譬如说遍布东京街头的自动饮料、香烟贩卖机，任何车站周边都星罗棋布的パチンコ（赌博弹子房），是否有必要在电力供应堪虞的情况下继续消耗？

几天后，东京都知事选举，高票第四次连任的石原慎太郎在当晚的记者会上就把矛头指向了自动贩卖机和弹子房，说像日本这样浪费电力的国家全世界找不到第二个，离开这两样东西就不能生活吗？此番讲话登时引发轩然大波，叫好和驳斥者都情绪汹涌。我和石原所见略同。日本真的缺电吗？未必，过剩反倒说不定，只不过大量的电力被浪费了。

石原慎太郎一贯以敢言著称，他的矛头指向了两大产业：日本全国的自动贩卖机有520余万台，每年营业额57000亿日元；弹子房等于是日本合法的赌博业，每年营业额高达210000亿日元。想要理解这两个数字的意义，不妨对比一下日本的钢铁产业，营业额也只有134000亿日元。不用说，对石原讲话倍感愤怒的包括相关产业的从业者，和该产业支持的官商利益集团。但以现实角度出发，石原的观点没错。

日本摆在街头的自动贩卖机多数是既制冷又加热，每两台的年耗电量约和一个普通家庭的相当。倘若在乡村地区倒还罢了，像东京这样的大都市，从任何地点出发，周围步行三五分钟的范围内必有24小时便利店或超市，多如牛毛的自动贩卖机的确没有存在的必要。它伫立在路边，就是诱使人的消费欲萌发。至于弹子房，尽管密集的机器和震耳的噪音也耗电不菲，最主要的不妥是从道义上讲，当周边医院都难免停电的时候，赌博总不好继续热火朝天。

日本人喜欢摆数据，业界为了反驳石原，列出了详尽的统计调查。有数字称，即便是日本全国自动贩卖机的年总耗电量，也抵不上福岛核电站一个核反应堆的发电量，彻底停摆也益处有限。当争论变得愈发专业化，到了拿数据说话的程度，我这种闲人就只有看热闹的份儿了。然而，我觉得此中的逻辑有些古怪：石原表达的数字不准确，是否就能推翻自动贩卖机浪费能源的客观事实？其实，自动贩卖机的问题不在于它究竟耗了多少度电，而在于它存在的必要性，和它所代表的一种生活方式与思想观念。日本街头随处可见的自动贩卖机从本质上缺乏必要，只能作为凯恩斯所说的"过度供给时代"的完美象征。它所寓示的，是人类对逸乐消费的无止境的强烈欲望。这种欲望不仅属于日本人，放之四海大抵皆然。十多年前我刚来日本，中国同学中有人就对遍布的自动贩卖机印象深刻，以为是日本经济高度发达的标志。不过，设想未来的地球上，若处处皆有东京这般首屈一指的自动贩卖机密度，那岂不是全人类都发达了？

自动贩卖机和赌博弹子房，恰好对应着人性的绝大弱点：贪欲。它们耗电多少倒还在其次，真正的关键在于人能否克服这个弱点。说实话，非同一般的困难。

石原身为东京都知事，也只能提出观点，并没有以行政命令撤除自贩机、关闭弹子房的权力。但在灾害背景下，许多自贩机和弹子房采取缩短运行时间、减低耗电量等方式，表明"自肃"的社会责任感。一时间，节电成了全民呼应的口号。在东京的不少地点与时刻，原来不分昼夜的亮度明显减弱了。某日中午乘电车，因为车厢内未尝点灯，在经过一段楼区时，仿佛驶入了幽暗的隧道，却让人感到一种新奇的美，想起川端康成小说中的场景。

当城市暗淡下来，美却悄然而至。有人提到这亮度的下降令日本人可以深入体会文豪谷崎润一郎那篇著名的《阴翳礼赞》，而太多的都市人或许从未对此花过心思。这是一位敏锐的观察者。谷崎润一郎在书中说:"我们一旦见到闪闪发光的东西就心神不安……"可现在的都市里,处处充满了闪闪发光的东西。相反,阴暗似乎是心神不安的源泉。这个变化有着极其深刻的社会意义。谷崎礼赞的与其说是阴翳,不如说是与光亮并存的一种"度",即明暗、晴阴、动静的互相映衬依托。我们正在失去的也不仅仅是阴翳,而是那个"度"。

　　据说,东京及周边地域是地球上夜晚最亮的地区之一,但我不觉得这是光荣的世界之最,只是代表了无节制的浪费而已。为了支撑无节制的浪费,求助于危险的核电,或许这才是日本核污染危机的最根本肇因吧。

*快与慢：细雨中，东张西望的行人　／东京

看打架

在日本十多年的生活中,拳脚相加的斗殴大概仅见过十来次,激烈程度也相当有限。这么少见有一个因素,就是争执的一方往往选择避让,比如以下两个例子。

"生存还是死去,这是一个问题。"忧郁的哈姆雷特如是说。还手还是忍受,这也是一个问题。

某晚我乘车回住所,在列车开门的刹那,车厢内飞出一口浓痰。原来是站在车门处的两名不良青年,貌似带着酒意。我绕开他们上车,站在车厢的另一侧,面前是三个循规蹈矩的男大学生。车过两站,甫一停下,突然有人从背后按住我的肩膀,我正在疑惑,那人的另一只手,确切地说是拳头,从我肩头上越过,击中了一位男大学生的右脸。借用武侠小说的修辞,这个动作果真是"兔起鹘落"。打人之后,两名不良青年迅速退到车外,扒住车门叫骂,要那大学生下车厮拼。大学生不愠不火地说:"没事。"青年再骂,他的回答还是"没事"。

车厢关门时刻已到，不良青年退后，一场突如其来的风波到此结束。大学生的皮肤迅速泛红并发肿，估计会变成所谓"乌眼青"。但他和另两位同学之间的对话很有意思。

"在这种时候怎么处理，是一个有难度的问题啊。"他说。

"还真是。我觉得也挺难的。"同学甲微笑着说。

"可能是因为发生得突然，来不及想。"同学乙说。

同学甲问："你没事吧？"

事主回答："没事。现在有点疼，但没事儿。"

同学乙说："也许会红肿，看上去挺疼的。"

"还行。这种事情很少能遇见。"他带着解嘲似的笑容。

"少见。这样粗暴的人真的是很少能碰到啊。"同学甲又说。

我要下车，同学甲也是。他朝同伴点头致意："不好意思。那我先走了。"我转身前瞥了一眼，事主的"乌眼青"已经浮现出了轮廓。

还有一桩。前些天乘地铁，车厢里不过散坐着十几位乘客。从旁边的车厢里走来一位五十来岁的男子，目露凶光，嘴里嘟囔着，似乎精神状态有异。经过我和其他男乘客的面前都还没什么，到了一位独坐的年轻姑娘旁边，突然伸脚踢向姑娘的腿，然后继续前行。显然，这位大叔有暴力攻击倾向，但他仍懂得"柿子挑软的捏"，不会和中青年同性过不去。我看那位姑娘好像也没在意，只是把腿向后缩了缩，继续摆弄手机。

两件小事，都是一方寻衅一方忍让，可以说后者的涵养功夫很深厚，也可以说前者的恃强凌弱很可耻。刻薄点儿说，这中间关键的一个字，是"力"。

社会生活中的互殴少见，电视屏幕上的打架却太多。我最反感的日本电视节目，一是棒球，二是格斗。相扑、柔道、空手道等比赛，虽然广义上也是格斗，但和我国的武术散打类似，暴力色彩已经浅淡；而拳击、K-1搏击比赛、综合格斗、职业摔角（プロレス）等比赛，暴力色彩相对来说浓重许多，有时几近野蛮。我最厌恶的是职业摔角，每次撞到唯恐避之不及。尽管该比赛的许多暴力动作经过精心设计，带有半真半假的成分，我还是觉得热衷于观看的人心理上有点儿不健康。

此类格斗赛事在日本颇受欢迎，比如拳击，在电视直播体育节目受欢迎程度排名中位居第七，喜欢看的人达到了16.7%，高于柔道的10.6%。同样，日本人在格斗赛事上的表现也堪称亚洲霸主，二十世纪五十年代至今，诞生了六十多位WBC和WBA的世界级拳王。2009年，来自中国云南的熊朝忠在东京挑战WBC世界蝇量级冠军内藤大助，我曾应邀到场观看。熊朝忠曾经将对手击倒，甚至将内藤打得血流满面，却被裁判判负，曾引起舆论关注。但就我在现场的感受而言，熊朝忠的失利亦不奇怪，他输在中方与日本在这项运动的整体水平上的巨大差距。目前，这几大格斗赛事中，偶尔能见到中国选手露面，成绩一直低迷，常常输得很惨。当然，如果奥运会有类似的项目，我相信中国选手会脱颖而出。这种没金牌的比赛，咱们看不上眼，还不如在家里摆个擂台，随意痛打外国"高手"一番来劲儿。

和观看恐怖电影差不多，观看暴力格斗比赛的一大益处，大约是缓解心理压力，减轻或释放压抑感。但恐怖电影是假的，暴力格斗则是真的。人类号称文明进步，可这类格斗赛事，与过去的角斗士自相残杀不过是五十步笑百步。

格斗的本质，是好勇斗狠、力的较量，而日本人算是一个比较信奉"斗力"的民族。诚然，西方殖民主义者的东进给亚洲制造了"斗力"的环境，但日本人性格中的强者崇拜特点，使得日本在崛起过程中迷信霸道，摈弃王道。先天性的自然条件劣势和逐渐失控的情绪，令日本的"斗力"式发展一度遭遇了巨大的挫折，可是，今天的日本还是隐约有这种危险的倾向。我的意思并非说不爱看格斗比赛就意味着热爱和平，只是有些多余地发几句议论而已。日本的路，要日本人自己来走。

*冷与波：日本最北端的海边，无垠的孤寂　／北海道

恐怖就在你身边

一个从来不看恐怖电影的人,是否有资格谈论恐怖片呢?在这本小书里,本篇大概是最不靠谱的几页。我觉得非常忐忑,但愿不要被方家嘲笑。

日本的恐怖电影在全球影坛是响当当的知名品牌,就像华语的功夫片。其经典之作《午夜凶铃》被好莱坞翻拍,也令片中的角色贞子广为人知。那天翻阅报纸,发现她居然出现在东京巨蛋的棒球赛场上,原来是为比赛开球并借机宣传即将上映的3D版电影。换了环境,她看上去倒蛮有喜剧色彩。

关于日本恐怖电影的特点,各路高人有很多精辟的论述。最核心的,莫过于日本式恐怖的生活化、沉静化。所谓生活化,指恐怖往往存在于日常生活中的常见场所或事物,比如住宅、学校,比如手机、电视机;所谓沉静化,是说日本恐怖片中妖魔肆虐的场面并不多见,也不像美国同类电影频繁依赖炫目的特技。但是,没有凶神恶煞的怪兽，缺少血浆迸溅的杀戮，丝毫不影响日本恐怖电影的吓人程度。一般认为，日本恐怖片由于其细密、冷漠的质地，可能更具备震慑观者心灵的力量。几部出口好莱坞的日本恐怖片在北美都获得了相当不错的票房，算是对其品质的国际性认可。

个人觉得日本恐怖片的生活化特征，主要有三个因：一是自然环境，二是社会环境，三是文化环境。自然环境因素很容易解释，日本的自然灾害多发导致人们对突如其来的灾难怀有根深蒂固的恐惧，经过几千年的意识积淀，已深深浸透到所谓的民族性格当中。特别是频繁的地震，无法预知，不及防备，却是日本人生活的固定组成部分。社会环境因素指的是日本社会的压抑体制，既造成了人们把恐怖故事或现象当做缓解释放压力的一种手段，也意味着生活中来自周围他人的突发性威胁。尽管日本向来以治安良好著称，但舆论调查数据显示，最令人不安的刑事案件里，第一位是盗窃(28.6%)，第二位则是"通り魔"(24.5%)。"通り魔"（过路魔鬼）指在街道上随意杀伤无辜的犯罪者。至于文化环境，日本传统信仰信奉万物有灵，也有悠久而丰富的鬼魂和幽灵传说，催生了不少"怪谈"。虽然进入了科技时代，但日本人对怪力乱神的喜好始终未变，甚至推陈出新，走向了世界。

东亚各地的鬼故事当中蕴含的文化比较，应该是一个极好的学术研究题材。我才疏学浅，没资格乱发议论，只是觉得那些日本恐怖电影中常常提到怨灵对生者的报复值得关注，而怨灵又每每是小女孩（女童和少女），更加有分析的必要。众所周知，日本成年男性对少女的"关爱"远近闻名，AKB48受到无数大哥大叔大爷的宠爱，但在另一面，恐怖片中的少女怨灵具有不可抵御的法力，能将活人摧残于无形。可爱い（可爱）和怖い（可怕），这个对比不能不说充满戏剧性。

以一部被称之为"变态"的日本恐怖电影为例，这部《屠尸行动》的故事居然是：某城市中的少女只要到了十六岁，就会感染上一种病毒变成僵尸，然后吞噬男人。于是，政府通过法律，铲除一切十六岁以上的少女，战争就此爆发……如此匪夷所思的情节不能用单纯的想象力来形容，背后必定有深层的意义在焉。

这令我联想起中国南方的"童乩"现象。乩是卜问的意思，童乩指与鬼神沟通卜问疑难。很多学者都注意到"童"字。中研院的林富士研究员曾撰文论述，他的观点是童字的闽南语发音"dang"，与形容巫者和鬼神交流精神恍惚的状态发音相同，并不一定和"童"的本意有关。但他也指出，此前的多数学者，如中研院院士李亦园认为，古时起乩的都是年轻人，所以称作童乩；台湾学者宋龙飞认为，大部分起乩者都是从孩提时代就能替鬼神行卜；台湾民俗学者刘枝万则说："鬼神附体孩童之习俗，见诸许多民族，而在中国却与古代祭尸习俗有关，且神灵依附男童之习俗，遍见于大陆各地。"

尽管林富士的观点是把童与孩童、童蒙联系起来望文生义，但以日本恐怖电影论，那些怨灵一般都年纪不大，只不过往往为女性。这当中的缘故值得推敲。我的一点陋见，首先是可能与日本早期的"女王"影响有关。在弥生时代的邪马台国时期，女王卑弥呼是最高的祭司,"专事鬼神",政治事务则交给兄弟或他人处理。传说她登上王位时只有十七岁,能以妖术鬼道惑众。其次,少女所象征的生命力和生殖力,令男性既感诱惑,又觉恐惧,这是现实生活中也常见的现象。因此,带着强烈的怨恨念头死去的少女,就成了威胁人世的怨灵。

某日和朋友吃饭,席间她去上厕所,回来说那饭店的厕所让人想起了日本恐怖片。我赶紧也去观察了一下紧邻的男厕。无他,就是灯光略感昏黄,有个水龙头似乎拧不紧,滴滴答答地落下水珠。

之前也不止一次听人说过,因《午夜凶铃》而害怕深夜独自看电视,害怕家里突然发出的隐约响动,害怕建筑的僻静角落……生活中的恐怖就在你身边,这就是日本恐怖片的影响力啊。

* 天与海：透过雨水和玻璃窗从福冈塔眺望　/福冈

俳之一瞬

敛·狂

今天的日本各大报章，仍然保有属于诗歌的版面，刊登来自读者投稿的俳句与川柳。国人或许听说过俳句，川柳则是相对自由体的俳句。两者都只有短短的十七音，所以一发便是几十首，充分展示出日本民众极高的创作热情。我国大跃进时期曾有一场全民写诗热潮，据说有一人日书千首的纪录。相比之下，日本人每年创作的俳句要有几十亿首，恐怕尤胜一筹。常见的伊藤园出品瓶装绿茶，包装上写有以茶为主题的俳句大赛年度获奖作品，该活动自平成元年（1989年）创办至今，投稿俳句已经超过两千万首。

王安石在诗中批评韩愈的平淮西碑，"欲编诗书播后嗣，笔墨虽巧终类俳"，这个"俳"显然是贬抑之辞。汉语中俳谐的意思是诙谐戏谑，难登大雅之堂。不过，日本人把俳句发展成了日本诗歌的代表体裁，"俳"的汉语本义已无足轻重了。

要说对俳句的印象，首先自然会想到"俳圣"松尾芭蕉的名作：

"闲寂古池旁,青蛙跳进水中央,扑通一声响。"(原文:古池や蛙飛びこむ水の音)

此后,就是美国诗人庞德那首据说深受俳句影响的《地铁车站》:

"人群中这些面庞的闪现／湿漉漉的黑树干上的花瓣。"(赵毅衡译)

芭蕉的意境颇富禅机,庞德的意象韵味深远,但对于中国古典诗词的爱好者而言,为俳句所倾倒似乎有点困难。中国文人费心创制的"汉俳",我总觉得是崇日时期的背景使然。客气地说是削足适履,尖刻地讲是"抛却自家藏,托钵效贫儿"。要论短诗,汉语的五言绝句不过二十字,词中的《十六字令》更仅有十六字。比如宋人蔡伸的这一首:

天
休使圆蟾照客眠
人何在
桂影自婵娟

已故的赵朴初先生是汉俳创作的先行者和推动者,录一首他的作品《访高野山》如下:

天意为安排
高野樱花待我开

喜气近人来

不难看出,这和前面引用的芭蕉名作汉译版本一样,把日语的十七音换成了中文的十七个字。实际上由于很多日语单词发音不止一个音节,所以十七个音实在够短。就说一个"樱"字,发音sakura,占据三个音了。而汉语是截然不同的单音节语言,如果将赵朴初的汉俳逆向翻译成日语,估计肯定不止十七个音。因此,所谓汉俳,仅仅是一种变相的"十七字令",意义不大。

芭蕉晚年另有一首著名的俳句:"菊の香や/奈良には古き/仏達"。日语读来十七个音,汉语直译过来只剩下"菊香/奈良/古佛"六个字。若说写得如何,不妨对比一下元人马致远的短章名作《天净沙》:"枯藤老树昏鸦/小桥流水人家/古道西风瘦马/夕阳西下/断肠人在天涯"。

俳句在西方的影响较大,甚至出现了英语俳句、法语俳句等变种,窃以为有一个要素:语言里动词的时态。汉语动词本身没有时态变化,因此,对俳句的接纳程度反而不如西方语言。不过,若想深入理解日本文化,俳句确实是一个有益的途径。罗兰·巴特在薄薄的小册子《符号帝国》里不惜篇幅地论述俳句,不仅仅是因为文学批评是他的本行,更因为他认为对俳句的看法"也可以用来谈论人们在我称之为日本的那个国度旅行时碰到的每一件事"。事实上,看报纸上刊载的日本民众的作品,的确涉及广泛,生活中的一切皆可入"俳"。

提到俳句，好像就一定要说起禅宗，两者的关系是一个足堪浩繁论述的学术话题。禅宗讲刹那的顿悟，境由心生，可以快如电光石火；而若从字面来看，俳句，尤其是很多古典俳句，正是对一个转瞬即逝的时刻的迅速捕捉。借助于时态，这个瞬间仿佛被定格成了一幅小画，用罗兰·巴特的话说是一个"偶发事件"，用三岛由纪夫的话说则是"时间结晶体的美丽的断面"。它表现出的是日本式的时间和美学观念。

我们中国人传统的时间观念，如果从计时刻度上讲，似乎有点粗放，不知是不是大陆民族的生活环境所致。中国人眼中的美，大约也有一种绵延感，像唐人张若虚《春江花月夜》描绘得极美，同时发出了"江畔何人初见月？江月何年初照人？人生代代无穷已，江月年年只相似"的慨叹。对照来看，日本人可能一方面囿于狭仄的岛国空间，一方面身处多突发灾害的自然环境，对时间有着更细致的感受。当你用愈细微的时间刻度去寻求美的时候，就愈发容易感受到美的难以久驻，而愈是难以久驻，就更显示出美在须臾之间的魅力。春之樱花，夏之花火，秋之红叶，冬之初雪，日本人喜爱的四季风物，皆有此一近似的特征。俳句本来应该是打油诗，却成了主旋律，最主要的原因，在于它的精短体裁最适合体现那不能过多定义或描述的一瞬。

即便在篇幅较长的叙事文学里，俳句式的特点还是屡屡出现。且看三岛由纪夫在名作《春雪》中刻画的一个场景：聪子走过后院时，女侍在喂鸡。"有几根鸡毛白晃晃地飘落，快接近地面了"（十七个字！）。这是日本文学式的一瞬。着眼点并非散落在地上的鸡毛，甚至也不是正在飘落的过程，而是"快接近地面"的刹那。

人类的进化史，也是时间观念的进化史，其度量单位越来越细，百米赛跑的计时要算到 0.00 秒之上。照相技术的萌发与提升，更使得人类掌握了留驻瞬间景象的手段。而日本文化的瞬息之美的一闪，如同忙乱生活间的惊鸿一瞥，颇能打动很多现代人的心灵。但是，刻度变细微后，长度的延续性毕竟还在。这就教人觉出日本人的一个不足，即局限于一瞬，忽略了长久。俳句固然纤巧，长诗却是短板。明治时代的文学家中堪助曾经想要创作长诗，经过一番努力后宣告放弃，并做出日语不可能写出长诗的结论，改行去写童话故事。（事见鹤见俊辅《战争时期日本精神史》）

＊趣与雅：吉野山，吃着盒饭看樱花的人 ／奈良

墙里开花墙外香的王阳明

日本海军元帅东乡平八郎是世界海军史上的伟大统帅，曾被日本举国上下视为海军的"军神"。据说他的腰间常年挂着一块牌子，上书"一生俯首拜阳明"。没错，这位阳明便是明代大儒王阳明（守仁）。日本军神对中国大儒的顶礼膜拜，无疑相当程度上满足了中国人的虚荣心，特别是东乡生活的时期恰逢中国羸弱而日本强横，所以，王阳明及其心学对彼时日本的影响，每每为吾人津津乐道。章太炎甚至说："日本维新，亦由王学为其先导。"梁启超也说："日本维新之治，心学之为用也。"

王阳明及其心学确实是日本明治前后国运变迁中的一个不容忽视的角色，但为什么扮演了这样的角色？角色的分量轻重几何？这倒要仔细检视一番。

日本幕末的多位思想家、政治家和军人，皆对王阳明的心学情有独钟。开创性的思想家吉田松阴以阳明学者自居，倒幕和维新运动的几大巨头,西乡隆盛、大久保利通、高杉晋作等都表现出对王阳明学说的高度推崇,自诩传人门下。在商界,三菱财团的开创者岩崎弥太郎、"日本资本主义之父"涩泽荣一也号称阳明学的拥趸。受他们的影响,一直到大正时代,所谓阳明学进入了日本国民意识形态教育当中。何以加上"所谓"二字,因为此时的阳明学在内容上就像日式中餐,已经变成了本地的口味。

  王阳明在东瀛的走红,要从日本当时国内国际所处的特殊环境来分析。在国内,德川幕府维持了几百年的武家政治体系,对外政策闭关锁国,对内政策挟天皇以令诸藩,竭力推崇主张"大义名分"的朱子理学。德川幕府将朱子理学作为官方意识形态加以庇护,来维护征夷大将军主导的封建社会秩序。在国际上,清帝国败于英国之手的消息令日本震动,西方列强随即转向日本,迫使幕府也不得不面对被迫开国、签订不平等条约的困境。

  倒幕与维新是不可分割的历史过程,其主导角色是一些中下级武士,主要出身于萨摩、长洲等强藩。这是日本这场富国强兵变革的独特之处:从倒幕运动主导者的身份看,基本上都是寒微落魄的底层武士,很多人自诩"草莽志士";从明治维新变革的方式看,又完全体现出自上而下的特征,元老们以天皇的名义发布上谕,实施推动各项新政。在这个过程中,王阳明的学说和经历主要发挥了两种作用。

  首先,王阳明的心学被当做了反动幕府官方意识形态朱子理学的工具。幕府利用理学建构并维持其封建政治和伦理体系,王阳明的学说是打破这一体系的称手武器。王阳明继承宋儒陆九渊的理论，强调"心即是理"，提倡从自己内心中去寻找"理"，认为"理"全在人"心"。被认为代表阳明心学最激进的左派的李贽，更大胆地贬斥程朱理学为伪道学，提出不能"以孔子之是非为是非"。他的著作在明清两朝都是禁书，却给日本倒幕志士以启示。比如江户时代的阳明学者富永仲基就主张，没有一成不变的思想和伦理，一切都要随着时代进程而改变。换句话说，阳明学相对于朱子学，是革命学。"理"全在人"心"，鼓励底层的志士们以自己的良心指导行动，不顾传统的束缚。王阳明自己"豪迈不羁"，欣赏狂狷之士，这也是日本倒幕和维新时期众多显赫人物的相近风格。

其次，阳明学不是那种纯粹书斋内的纸面理论，在知与行的关系上，强调要知，更要行，知中有行，行中有知，知行合一，二者互为表里，不可分离。知必然要表现为行，不行则不能算真知。这个态度对维新一代精英的影响甚大，如被誉为精神导师的吉田松阴，在他所讲学的长州藩教授了一大批日后开创性的人物，木户孝允、高杉晋作、伊藤博文、山县有朋等皆出自他的门下。但他绝不是一位理论家，偷偷潜入美国军舰，策划刺杀幕府高层，在知的同时也果敢于行。敏于思而拙于行，这是中国传统文人的常见病，相比之下，日本的维新志士更富于实践胆略。

第三，王阳明在历史上的声誉，不仅来自他的思想理论造诣，还得益于他在事功上的成就，尤其是军事领域。不像朱熹纯属文人，他曾多次提兵上阵，平定宁王叛乱和江西两广多处军民哗变，因军功而获得爵位，堪称允文允武的儒帅。中国历史上的儒家大师们，像他一样展示出卓越军事才华的，绝对独一无二。而日本志士们对他的推崇，也在很大程度上来源于此，毕竟，志士多半是武士出身。日本自镰仓幕府开始，就是武士执政的军事封建体制，和中国迥然不同。

然而，尽管阳明学在彼时的日本变革中占据一席之地，但过分夸大其影响和价值，我倒觉得可能只是中国人的自卑心理试图寻求补偿所致。明治维新的成功，有多方面复杂的因素，并不能完全归结于王阳明学说的功劳。事实上，在当时的日本思想领域，另外两个潮流的能量是不容忽视的。一是日本的国家主义学说，学界称之为"日本学"，与其说是学问，不如说是民族主义情绪，但是它将日本导向了"皇国史观"，导向了绝对主义国家的歧路。另一个是兰学，也就是西学。在闭关状态下的幕府时期，来自西方的学术成果得以进入日本并在一定程度上讲授传播，此乃同清帝国的最大不同。兰学的存在，使得日本在开国之后的变革有了更扎实的思想和技术基础。可以认为，由于维新志士那一代人的主要学养背景还是汉学，所以王阳明及其理论在运动的初期成为他们的一个思想资源，而当日本踏入西化时代之后，阳明学亦迅速失去了显学的地位。只有在一些人呼吁抵制过分西化、维护所谓"东洋魂"的时候才会被拿出来。

王阳明学说的中国开花日本香，其实并非他那深奥的哲学思辨和终极思考在东瀛精英中找到了知音，本质上就是一种态度，概括起来：打破藩篱，发扬自我，知行合一，勇于任事。因此，王阳明若泉下有知，应该也会对把他的学说奉为真理法门不以为然。日本那一批政商界的巨头们对他的尊崇，并不意味着阳明学能用来治国经商。我非商人，亦不熟悉商事，窃以为商家的经营之道，与其说这个学那个学，还不如重提岳武穆的十六个字：兵无常势，水无常形，运用之妙，存乎一心。

*茶与食：赏樱餐馆一角／奈良

饮食帝国主义

我比较贪吃,但并非仅仅对美食佳肴垂涎三尺的老饕,果腹充饥才是基本原则。在日本的十多年生活里,从顶级名店到街边食肆都有些阅历,权且从几个特殊的角度说说对日本饮食文化的个人体会。

当代日本人的饮食,大体可以分做和、中、洋这三大类。不论豪华酒店的高级餐会,或品种丰富的自助餐餐厅,基本上三国鼎立。而日本—中国—西方的三角架构,不仅体现在饮食内容上,也适用于现代日本的文化体系。不过,日常生活中还有一个差不多"万年老四"的角色:源流在朝鲜半岛的烤肉(日文汉字:烧肉)。

我在留学生时代的打工经历,主要就是跑堂于几家韩国式烤肉店,间或入得庖厨打打下手,两年下来,倒学了不少关于牛肉的知识,算是读了个专科。二十世纪九十年代后半期,烤肉一度风靡列岛,俨然有形成"ブーム"(潮流)之势,我亦躬逢其盛。可当我"毕业"后不久,因日本国内发现疯牛病病例,牛肉担任头号主角的烤肉业遭受沉重打击,陷入缓慢的下滑状态,至今依然。2010年和2003年相比,全国的烤肉店铺数量减少了6%,总营业额更下降了约10%。下滑的动因当然不仅仅是疯牛病,事实上,以"叙叙苑"为代表的高级和牛烤肉店业绩长红,应当还有其他因素。我觉得值得注意的是,同期的"在日"朝鲜/韩国人人数也出现了类似的下降。

正如中餐馆是中国人在海外创业的常见选择,"在日"朝鲜/韩国人开烤肉店的也为数不少,我曾工作过的三家店铺中,两家的经营者是"在日"韩国人二世。他们的后代"日本化"程度更深,涉足餐饮以外行业的机会也更多,经营者的青黄不接或许是烤肉业走下坡路的理由之一。有趣的是,近年来"韩流"盛行日本,带动了不少新兴韩国料理店的涌现,在东京新宿附近的新大久保形成了宛如"韩国城"般的巨大规模。但他们的招牌虽然是韩国料理,烤牛肉反而少见,菜谱上的重头戏是日本烤肉店里罕有的烤猪五花肉。

其中微妙的差异何来?波兰学者J.Cwiertka在《饮食、权力与国族认同:当代日本料理的形成》中的论述提供了解答。今天日本的牛肉无外乎产自本国或美国、澳大利亚进口,但肉食,特别是牛肉在现代日本的普遍化,最初竟然得益于朝鲜半岛。1910年日本吞并韩国后,殖民地成为帝国稳定而廉价的牛肉供给来源,每年可高达四十万头以上。这是一个精到的例子,J.Cwiertka指出了现代日本饮食形成与帝国主义扩张之间的密切关联。归根结底,牛肉的食用,确实是欧洲殖民者带给东亚的新鲜事儿。中国最早的食用牛肉养殖和屠宰场，亦是德国人在山东青岛建立。

尽管如今日本料理在全球饮食界名声显赫，但坦率地说，日本的饮食文化谈不上有什么悠久的历史传统，在漫长的岁月里也一直乏善可陈。早期抵达日本的西方人在现地观感中，不少都提到了饮食的简陋难吃。而日本平民因饮食条件太差，最主要是肉食匮乏，普遍存在营养不良的症状，以至于英国皇家炮兵军官诺利在1880年视察日本军队时，对他们的印象是一群缺少肌肉的"侏儒"。这不是骂人嘴损，1900年的日本陆军征兵报告上，还有16.7%的成年男子身高低于一百五十公分。

工欲善其事，必先饱其食。于是，饮食，无论是内容还是形式上的变革成为日本维新革命的重要内容之一。

明治维新的领导者们首先掀起了向欧洲饮食学习的热潮，重点是增加牛肉为主的畜肉摄入。1872年（明治五年），天皇宣布吃牛肉算是一个标志性的事件。这一年，北村重威在东京筑地开设"**精養軒**"，掀开了高级法国餐厅在日本的第一页，菜谱上香煎牛排闪亮登场。今天若有人感兴趣，可以到上野的"**精養軒**"本店体会一下历史的余韵，1914年10月25日，孙中山与二十二岁的宋庆龄就是在此举行的结婚典礼。

在此之前，由于宗教、风俗、自然环境的影响，日本人对畜肉的态度几乎可以说是冷淡抵触的。屠宰贩卖肉类的人通常属于最底层的部落民，猪肉在大多数地方都不受待见。福泽谕吉说大阪只有两家可吃牛肉的"最下等"餐馆。然而，在自上而下的改革声浪下，吃不吃牛肉，陡然成了"文明开化"与否的评判标准。吃牛肉意味着强健体魄，可以和同样吃牛肉的西方人一争雄长。这是西洋饮食在日本的滥觞，而最初的享用者，除了连餐具和礼仪都照搬不误的上流社会，更主要的是军队。

1877年，日本最后的内战西南战争落幕，牛肉罐头和军用饼干开始进入日军的食谱。在1894—1895年的中日甲午战争中，日军后勤部门采购了两百万日元（当时是一笔巨款，首相伊藤博文的月薪只八百日元）的牛肉罐头，并且四分之三实现了国产化。相比之下，清湘军淮军尚且没有近代的后勤补给系统，部队有时吃穿都成问题。

日本军队常见的西洋饮食还包括咖喱饭、炸猪排、面包、土豆沙拉等，并形成了陆军、海军两大系统。相比之下，海军效仿西洋（主要以英国为师）的劲头更足，连冰淇淋、柠檬水也进入了菜单，最有名的莫过于咖喱饭。我去前海军基地横须贺游览时，所到商店都少不了当地的特产海军咖喱。虽说口味无甚特别，但联合舰队的名头毕竟摆在那里。又想起曾看过的书中介绍，由于冷藏技术局限，彼时一些日本海军军舰上还设有养牛的房间，等到航行途中再行宰杀。那牛肉咖喱饭倒是新鲜的，也许要胜过今天的真空包装。

这几年日本的社会气氛有所变化，通过巨舰大和号展现帝国海军荣光与悲壮的电影广受好评，连带着海军的饭菜也被打捞出来。某日在书店看到一本图文并茂的书籍，介绍了大和号战列舰、翔凤号航母等几艘联合舰队大型战舰的伙食，从军官到士兵的一日三餐详细罗列，各舰略有不同，估计厨师们为了本舰的美食声誉曾花了不少心思。相比之下，陆军的饮食虽说在后勤补给上比海军方便，却显得比较粗糙。比如某师团在日俄战争期间的食谱，一周之内猪肉炖白菜接二连三，倾国倾城。不过，陆军也有海军咖喱式的独特"成就"，那就是饺子。

烤肉和日本帝国主义对朝鲜半岛的占领密切相关，中餐在日本的普及则和日军在中国的侵略不可或分。中餐逐渐散播于日本社会，是二十世纪二三十年代的事情，亦即日本侵华的活跃期。东京在1906年只有两家中餐馆，1923年居然增加到一千五百家。日军的伙食中也出现了中式的炒菜炒饭，而退伍军人和去过中国的人将他们结识的"中华（支那）料理"带到了日本各地。东京以北的栃木县宇都宫市至今号称"饺子之乡"，车站矗立着一座大饺子雕塑，其渊源就是该地的第14师团曾长期驻扎在中国东北，接触并学会了包饺子。如今，饺子在日本人饮食生活中的地位，应比咖喱更为重要。但说句闲话，日本人认为饺子是一种菜肴，而非中国人的主食，因此在饭店中会有饺子配米饭的套餐。一个体现文化冲突的小例子是某华人的孩子在小学拿出母亲给装好的一盒饺子，引来日本老师的惊诧："怎么忘记了带饭呢？"

总体来说，现代日本饮食的基调之奠定，最重要的推手是军队。军队掀起的饮食变革，确实提高了日本人的身体素质和营养状况；同时，军队的海外扩张，又刺激并丰富了日本人的饮食内容。还有特别值得阐明的两点，一是军队供餐形式的影响，另一个是军队伙食对现代民族国家凝聚的促进。

军队供餐的形式，简单而言就是套餐，份儿饭。既要满足供应，又得均衡营养。前者因为日军的规模迅速庞大到几十个师团百万之众，后者则如著名的脚气对策（日军一度深受脚气病泛滥之苦，与稻米摄入量过多有关）。这个形式的流风所及，造就了日本人的"定食"和"套餐"习俗。所谓定食，大抵是一个托盘内饭菜汤各一，或附带小菜甜点，属于快餐。日本人不仅午餐多为定食，晚餐提供定食的饭店也很常见。对于独身者来说，不失为饱腹的便利选择。套餐的日本特色更加突出，饭店按照不等价位，提供相应的固定饮食，一般要求顾客人数两人以上。我在中国的饭店很少见过类似的餐谱，大概只有婚丧之类的酒席才会如此安排。但在日本，不论和洋中餐馆，几乎都有套餐。集团型顾客选用套餐形式，可免去各人点各菜的繁乱，但无形中也给地位较低者带来了眼看着菜谱上心仪的美食却没口福的压抑。不过，这种统一无疑也正是凝聚集团意识所需要的，就像军队的大锅饭，有哪个士兵敢单点我要吃什么？

军队伙食和现代民族国家形成的关系，在日本表现得极为突出。秦始皇说统一要车同轨、书同文、公用度量衡，在日本的明治维新中或可加上一项"饭同食"。J.Cwiertka 在书中引用日本陆军后勤部门的文献，提到了军方对"标准味道"的追求。何为"标准味道"？即让来自全国各地的军人们多数都能认可的味道，具体到大酱汤中酱的含量究竟多少才算适宜（对"标准"的热衷是日本文化的一大特点）。军人们在部队的生活中，味蕾接受了"标准味道"的洗礼，同时也享用了远远高于普通百姓的伙食。在1910年代，一名日本军人年均牛肉消费量是十三公斤，而平民只有一公斤。所以，一些人在日记和回忆中会怀念那段食欲最佳的行伍岁月，甚至不厌其烦地记录了每天的菜单。J.Cwiertka认为，这些军人的口腹经验进而影响到家人亲友，将现代日本饮食推展到了整个社会，而"民族口味"的果实又滋养了现代民族国家的发展。

从军队伙食改革和日本近代第一次国力飞跃的关联不难看出，军队在这个过程中的作用是何等重大。其实，包括任何西方列强在内的民族国家崛起，武装部队的锻造都是原初的起点。军队的组织结构、管理模式和暴力机器特性，大体上造就了民族国家的"骨"，并且如毛泽东所说承担着"宣言书、宣传队、播种机"的职能。台湾学者汪正晟著有《以军令兴内政》一书，对中国在向现代民族国家转变的过程作出了深入反思。与日本的福泽谕吉等人相比，中国的精英阶层每每轻率地陷入立宪、民权等口号的迷思，却没有理解日本之所以迅速腾飞的要件到底何在，更不清楚民族国家的本质。今天回顾起来，我们虽不该过分苛责前人，但有些道理总不好继续糊涂下去吧。

* 娴与恬：乡村里的主妇，表情温和，略带微笑 / 静冈

越来越辣

2010年日本某媒体评选年度流行事物，排名第一的是令无数宅男遐想联翩的少女偶像组合AKB48，而位居次席的居然是"食べるラー油"，中文直译就是"可食辣油"。日本常用的调味品中本有辣油，这个"可食辣油"的意思，实际上接近于中国流行的"老干妈"辣酱。由于在辣油中加入了不少配料，如野菜、海产品等，使得它除了可以用于烹饪调味，也能直接拌饭拌面食用，故称为"可食辣油"。

"可食辣油"的突然走红，据说缘起京都附近一家名叫"菜馆Wong"的中餐饭店。该饭店临近东映电影公司的太秦摄制厂，而那个片场是很多影视明星的工作地点，他们光顾之后，尝到了该饭店自制的"可食辣油"，赞不绝口。经几位明星在电视节目上一推荐，顿时蔚然成风。仿佛是一夜之间，各家餐馆里突然多了一个标着"可食辣油"的小瓶子。牛肉盖浇饭的霸主"すき家"（食其家）则把握动向,推出了淋上"可食辣油"的牛肉饭。其走红程度,竟然令日本的辣油一度脱销。紧接着,吉野家、松屋两强亦迅速跟进,呈现出席卷之势。

就味道比较,日本"可食辣油"的辛辣程度,一般不如中国的相似产品,但比起市面上传统的辣油,算是略有加强的趋势。

"可食辣油"声名大噪,让业界霎时间掀起了一场辣油战争。据经济专家的测算,2004年至2008年,日本的辣油市场保持了每年120%的增长率,2010年更是爆发性的一年,辣油市场总产值从2009年的十四亿日元一下子激增到四十亿日元。不过,鉴于商品的特殊性,目前还没有任何一家企业能够达到一统江湖的地位,依旧是乱军混战互相攻伐。

几个明星的个人食感,竟能造成这样大的反响,刺激了一个商品业界的活跃,委实有点让人惊奇,诚所谓"一言兴油"。这不能不说再次证明了日本人强烈而独特的跟风及群体意识。但就大背景来说,越来越辣,这大概是近十余年来日本人口味上的一个突出变化。

众所周知,日本传统饮食的口味显得相对清淡,虽然在一些食品,尤其是日式中餐中也有辣味,但其力度远逊。话说当年一位四川同学,就曾对日本超市内贩卖的辣油、豆瓣酱淡而无味大感沮丧;而当他吃了某中华料理店内的一道回锅肉,竟然憋不住要出口成"脏"。盖因我等初来乍到有所不知,所谓的日式中餐,实为改动极大的山寨版本。

中餐在日本流行的历史不过数十年，初期的经营者要么多是出身粤闽江浙的华侨，要么多是曾去过中国大陆的日本人。例如我的一处旧居附近有家"东天龙"饭店，一日去吃晚饭，发现菜谱上有极其少见的东北菜软炸里脊，一抬头，发现墙上的一幅旧照片，是日军某师团某大队官兵在中国东北平原上的合影。战后经济发展，餐饮业兴旺，中华料理店也愈来愈多，甚至多过日本料理店，成为日本人日常生活饮食的主要组成部分。但走宴会大餐路线的还是极少数，快餐小铺占据了主流。在这些便利型中餐馆里，最常见的菜肴莫过于以下八道：麻婆豆腐、干烧虾仁、韭菜猪肝、回锅肉、麻婆茄子、糖醋肉段、八宝菜、青椒肉丝。学会这八道菜，应该就可以算作登堂入室的中华料理厨师。没学会也不怕，超市里有八道菜的真空包装现成汤汁，只要把食材与之一起下锅，照样能对付出一桌。且莫挑剔其味道如何，单说日本人对通用模式的追求，以及提炼基本元素的本事，由此可见。

八道菜中，以口味论，偏辣的理应居多，不过日本人的拿来不是照搬原样，而是做了大刀阔斧的改造。山寨麻婆豆腐可以有"甘口"（味道略甜），山寨回锅肉则变成甜面酱炒白菜猪肉片。这样的"革新"对我那位来自川菜故乡的同学而言，确实有点情何以堪。但也是那年，我在报纸上看到一位日本游客到中国重庆吃火锅，因太辣而诱发心血管疾病而死的消息，不禁深感同情。

可是，近年来的变化显示，日本人对辣味的接受程度正在大幅提高，原因之一或许是外国人开设的新型餐饮店带来了不同以往的新鲜口味，不知是否也算全球化的效应。辣味势力共有四路人马：新一代华人创办的正宗中国餐馆，影视韩流引发的韩国料理风潮，朝青龙等蒙古相扑选手带动的蒙古火锅热，以及印度咖喱的异军突起。这些外国饮食给日本的各大都市餐饮业造成了巨大的冲击，潜移默化中改变着日本人的口味。由于"在日"中国人中东北出身者最多，而中国国内川菜盛行，新一代华人的饭店也以东北菜、川菜这类"重口味"为主打。很多日本食客品尝后的震惊程度，和我的四川同学初见日式回锅肉相差无几。

　　捎带说一句，与"辣味革命"几乎同时发生的，还有羊肉的地位逐渐上升。日本原本虽有羊肉烧烤，店铺的名字往往都叫"成吉思汗"，属于餐饮业的非主流。现在，火锅涮羊肉、羊肉串、羊肉咖喱，无形中扩大着羊肉的粉丝群体。这几种羊肉食品味道普遍偏辣，因此，羊肉也算"辣味革命"的推手之一。

　　外国饮食容易在日本扎根生长，是因为日本传统的饮食文化本来比较单薄，甚至称得上贫瘠，这一点倒和同样孤悬大陆外海的英国比较相似。面对欧陆美食（尤其是饮食文化发达的法国），英国人经常拿可怜的炸鱼薯条自嘲。日本料理在全球范围内名头响亮，但多半是虚名，其原因不外乎两点。首先是包装，不仅强调视觉上的美观，还附带理论上的装饰，所以日本料理常被评价为悦目或健康。这招主要针对早过了但求温饱阶段的发达国家。其次是身份感，说白了就是吃日本料理显得有钱有地位，似乎日本的经济发展水平保证了日本饮食的味道，就像一位奥运会短跑冠军用金牌证明他的游泳技术。这招主要针对经济状况不如日本的东亚各地。当然，公平地说，营造这个氛围的主力未必来自日本，而是那些相信神行太保也一定是浪里白条的人们，所以才会出现中国吉野家的牛肉饭价格比日本还要昂贵的现象。

　　饮食的口味喜好，与特定人群的气质之间有什么关联？我非专家，岂敢乱弹。但日本人，具体地讲可能是新一代日本人，口味变得喜欢辛辣了，是否会在他们的性格上也带来一些具体而微的转变呢？有心的心理学家和社会学者不妨观察研究。

* 你与我：
这是告别？也许是初见？行礼如仪

/广岛

健康长寿的秘诀

2010年的夏天,一则本来不怎么起眼的社会新闻引发了日本各界的关注。东京足立区区政府的工作人员到一位一百一十一岁男性老人的家中探访致意,这位老人被认为是日本第二高龄的长寿者。工作人员遭到了老人八十多岁的女儿的挡驾,说"父亲谁也不想见",悻悻而返。不久,老人五十多岁的孙子却跑到警察署报案,说他的祖父早在三十年前就已死亡。警方介入后,在宅子里发现了老人的干尸。依照日本的年金制度,这位在户籍上仍然生存的老人可能多拿了几十年上千万日元的年金,所以,警方以涉嫌诈骗展开了调查。

这则新闻传开后,很多地方政府都开始检查长寿老人的档案,结果却令日本颜面扫地。有媒体哀叹:"长寿大国"突然变成了"生死不明大国"。法务省经过两个月的统计,发现日本全国的户籍上共有234354名一百岁以上的老人"生死不明",一百二十岁以上的77118人,一百五十岁以上的居然也有884人。最离谱的莫过于长崎出了一项纪录，户籍上有位出生于 1810 年的老人两百岁了依旧"健在"。1810 年，日本在江户时代，中国是嘉庆年间，欧洲的肖邦刚刚出生。日本人以擅长数据统计管理著称，何以闹出这么大的笑话？在地方政府户籍管理部门工作的人表示，一方面是历年来的数据过于庞大，有的几十年不曾检索修改；另一方面，对高龄老人的生死确认并不容易，上门拜访往往被对方家人以不想被打扰等理由回绝。当然，家属隐瞒老人死讯的做法，有其获利动机在焉，即继续领取年金。

日本官方各机构之间也存在资讯不通，各自为政的现象。法务省的户籍上，人瑞简直如过江之鲫，但厚生劳动省的统计是 2011 年为止，日本百岁以上老人约有 47756 人。这个统计从 1963 年开端，当年的百岁长者只有 153 人。五十来年里，数字扩大了三十多倍。也有舆论认为这个数字同样不可信，没准有一半左右的老人都已"生死不明"。

众所周知，日本是世界上人均寿命最高的国家，男性是七十九岁，女性是八十六岁。但是，在这起风波之后，很多人怀疑日本的数据到底有多少水分。不仅是百岁以上，八十五岁以上的老人未经确认生死的应该更多。这倒不是指责日本的数据捏造，问题出在人的管理必然会出错，何况又是上亿人口的大国。

平心而论，日本的人均寿命即便因为数据的不准确而多算了一两岁，也无损于"长寿大国"的称誉。一句话，牛皮不是吹的。不过，关于日本人多长寿的原因，一般都归结于良好的医疗保障体系和健康的饮食习惯，我觉得或可商榷。

　　日本的医疗保障体系确实完备，技术亦在世界领先，但致命的危险在于其制度能否维持有效运转。民意调查显示，对医疗体系满意的人占49.7%，不满的占47.4%，基本上一半一半。满意的数据之所以较高，是因为七十岁以上的民众的满意率高达65%。随着老龄化的加剧，这种任由老人大量消耗甚至浪费医疗资源的体制必将难以为继。

　　至于饮食习惯，多半来自于日本料理的神话鼓吹，并不能当回事儿。日本人的饮食中，不健康的在所多有，比如流行的油炸食品天妇罗、猪排、炸鸡等等，又比如普遍食用的生冷食物，还比如热量较高的西餐。并且，日本人的人均饮酒量也不低。如果说有利健康的方面，可能荞麦面等粗粮、纳豆等发酵豆类确实对人体有益，但放眼全球，哪个民族的食谱中都有几样好东西啊。与食物的性质相比，日本的食物品质倒是值得称道的。不论是蔬菜、肉鱼或蛋禽，新鲜清洁大体都有保证。这对于饮食品质已经达到公共安全危机程度的某些国家来说，的确令人艳羡。

　　饮食习惯不良影响寿命，这点没错。日本厚生省也指出，日本人饮食的欧美化是癌症发病率增高的原因之一。这里不妨对比一下中日两国的癌症发病数据。中国男性癌症发病率为130.3—305.4/10万人，最多的是肺癌、胃癌、肝癌、结肠／直肠癌、食管癌。中国女性癌症发病率为39.5—248.7/10万人，最多的是乳腺癌、肺癌、结肠／直肠癌、胃癌、肝癌。日本人这一边，不分男女，癌症发病率为172—307/10万人。最低的数字来自冲绳，最高的来自秋田县，东京是229/10万人。男性的癌症死亡者以肺癌排名首位，接着是胃癌和大肠癌。女性以大肠癌占首位，接着是肺癌和胃癌。比较突出的是，罹患肺癌和大肠癌的人有增加的趋势。参考这些数字，可知日本人的饮食对健康的益处并不那么神乎其神。当然，鉴于中国的食品安全已经到了难堪的地步，病从口入的概率将会明显增长吧。

日本人长寿的真正最大助力，其实无他，只有三点：一在于保持运动，二在于感情平和，三在于不畏老死。

保持运动，是日本老人的最大优点。30%的老人希望自己的工作能一直继续，因此在日本时常可见满头白发满脸皱纹的高龄劳动者。由于日本人的家庭观，老人们的工作也是生活资金的可靠来源。21.9%的老人表示要自己赚钱养活自己，60%则依靠存款过活，只有9.4%的人要依靠家人子女援助。

感情平和的意思，实际上就是淡漠于亲情。44%的老人希望晚年生活有几位朋友，大于期待儿孙围绕的32%，这和中国人的家族观念形成鲜明反差。亲情对很多老人来说是负担或忧虑，能影响身心健康。有种说法称心狠冷血的老人能长寿，话糙理不糙。

不畏老死，体现在对老年的期限界定上，51%的老人认为七十岁以上才算老，10.5%的人把老的界限定在七十五岁以上，五十五岁以上就觉得老了的只有区区0.4%。中国人的心态和他们截然不同，年过半百就自感垂垂老矣的人并不少见。不畏老不服老的心态，无形中推迟了老之将至的到来。

　　前些日子乘出租车，司机是位老人，也许七旬上下，直接告诉我他看不清导航仪上的画面，让我自己盯着。这也是日本老人不服老带来的一个社会现象，警方不得不推出了一项政策：老人主动交还驾照，可以换得生活中部分消费的折扣卡。老人驾车导致交通事故增多，才迫得官方出此下策，可见凡事皆有利弊两面。但是，正如崔健在《红旗下的蛋》中所唱，"老头更有力量"，我在这几年的商务交往中也深切感受到，那些六七十岁已经退休却四处奔走的日本老人们，常常有惊人的能量和精力，倒未必是单单为了赚钱，还是为了保持活力和避免寂寞吧。

*南与北：涉谷，行人如织／东京

日本医生的红包

某胃癌患者去医院准备接受手术,在电梯里看到一张启事,上面说本医院绝对不收病人任何形式的礼物和现金,但当他把包在小信封的五万日元递给主治医生时,对方不动声色地收下了。

这是一位日本网民记录下来的亲身经历,因为论坛上有人问应该给医生多少"感谢料",得到的回答五花八门,令人无所适从。有的警告他如果是国立、公立医院的话,这种行为可能会被视为行贿公务员,触犯了收受贿赂罪。但也有的说曾经给一家国立医院的医生送过几十万日元现金,医生假意推辞一番之后笑纳。

日本的医疗界也存在收红包的现象,只不过这红包有个堂皇名目,叫做"感谢料"或者"谢礼"。2006年,东京医科齿科大学的调查结果是日本一年的医疗红包总额约为3322亿日元,被采访的患者中51.2%的人承认曾经送了红包。一般来说,收受的场合多是在需要动手术的情况下。只是数据调查或网民和媒体对此话题的讨论,都没给出一个详细准确的"谢礼"价目表。只能说普通的"谢礼"为三到十万日元,而如果是重大手术,有人会给三十到五十万,甚至还有一百万日元以上的例子。由此推算,一些医生的收入除去公开的部分以外,尚有数额不定的患者进贡,并且是税务部门难以把握的现金进账。

前述那位网民说在去医院之前就做好了给钱的准备,可见他对这个习俗持接受的态度,只是电梯内的高调启事让他略感不爽。但他毕竟是日本人,当然理解日本文化中"本音"和"建前"的区别。"本音"和"建前"说白了,就是"本意"(真实想法)和"客气话"(不必当真)。日本人的两面性之要害,就在"本音"和"建前",此亦日本文化中差不多最让外国人头疼的部分,因为往往不知道对方哪句话真哪句话假,又不好问"此话当真"。那位患者虽然小有抱怨,还是按照"本音"办事。换个不明就里的外国人,可能在电梯里就禁不住好感动好感动,特别是若其来自那给医生进贡习以为常的国度。

医生收取红包,难免为舆论诟病,但其缘由和影响都极其复杂,某种程度上深刻地体现出了东方社会中人际关系的某些特点。"谢礼"的性质,归根结底是想请医生对自己的诊疗多费点心思,全天下的病患应该都能理解。所以,有关"谢礼"的议论中,最关键的就是给了"谢礼",医生的责任心是否会比不给要强一些?论坛上有匿名的医生发帖,说绝不会被区区"谢礼"影响到职业素养,不论患者有无表示都会一视同仁。但是,多数的声音认为,医生作为凡夫俗子,拿了"谢礼"之后,情绪不可能不有所波动,多少会对患者流露出更多的亲切感。所以,甚至有种说法称"谢礼"是医患关系中的润滑油。

不过，假如把"谢礼"和医生提供的医疗服务完全挂钩，一旦患者不满，润滑油也有可能变成起爆剂。一位妇女因父亲入院诊治，给了主治医生五十万日元，可老人没几天即告去世，她写了封信给医生："您什么也没做，那钱收得心安理得吗？"医生打来电话，阴阳怪气地说："你说得对。"随即，五十万日元被返还到她的银行账户上了。倘若是国立、公立医院，碰上不依不饶的患者及家属，除了还钱，恐怕还要受处分吃官司。神奈川县川崎市立医院的三名医生，就因患者（病故）的遗属揭发，为总计八万日元的"谢礼"遭到有关部门调查。

总结日本社会对红包的臧否，主张默许的人试图把它看作因获得特定技术（医疗）服务的额外支出，坚决反对的人则呼吁用立法或行政手段杜绝，但两种观点都很容易被攻讦。前者立论本身就难说通，治病就诊明码实价，不给或少给红包不能影响到服务的优劣；后者在实践上施行不易，尤其给红包的行为通常是患者方面主动为之。中立方，或者说和稀泥的一派，只好说给不给红包顺其自然，除了现金，患者也可以回报以温情，写感谢信或送小礼物。

无论如何，医疗"谢礼"作为日本社会中的一条"潜规则"，达到了必须正视的程度。很多患者在就医之前，已经做好了"感谢"的准备，而不是在治疗之后；医生在诊疗之际，亦对可能而来的"感谢"心照不宣，并不觉得医德有亏。在这一过程中，没有人主动索贿，也没有人主动行贿，一切行礼如仪。程序完成之后，道德评判被从中抽离,就像那位患者的经验所显示的:医院可以在启事上信誓旦旦,医生在现实中则奉行另一套,虽然看上去不怎么地道。

在"谢礼"现象的背后,能够折射出一般日本民众对于医生的尊崇心理,因为医生(西医)经过严格的筛选和训练,掌握着救死扶伤的专业技能,享有精英阶层的社会地位。近年来,一些历史和社会学者致力研究现代医学(西医)发展与帝国主义、殖民主义之间的关联,颇有发人深思的佳作。具体到日本,从西方传教士将西医传入,到新型公共卫生体系在日本及其东亚殖民地的建立,堪称极具分析价值的典型。

日本的现代化进程中,福泽谕吉等思想家和伊藤博文等政治家的角色之重毋庸置疑,还有一个不能轻视的角色就是医生。中国古代社会里,医由于最初的背景和巫密切相关,后来的社会地位并不算高,即便受到礼遇,也常常被归入方技之流。明治维新之前,日文称医生为"医者",此后渐渐为"医师"取代。一字之差,当有深意。这也是野口英世(日本著名细菌学家,被誉为"日本的国宝")的肖像被印上1000日元纸币的原因。日本在台湾、南满的殖民统治时期,后藤新平都是关键人物,他是留学德国的医学博士,提出过"用医生代替传教士"的殖民地掌控方式。这种医疗、帝国与殖民的复杂瓜葛,其影响至今仍可以从台湾医疗界部分人士的政治倾向中得到体现。据我接触的日本学术界人士所言,医学界对邻国的轻视傲慢也远比一般社会阶层要严重。

从医生的红包扯到殖民主义,貌似太远,就此打住。

*真与假：奥特曼伫立在街头，强烈的梦幻感　／东京

严肃的搞笑诺贝尔奖

2010年的搞笑诺贝尔奖生物学奖项，颁发给中国的张礼标、谭敏等七位学者，表彰他们使用科学方法证实了狐蝠也有口交行为，填补了中国大陆人士自此奖1991年创立以来的长期空白，或许有值得探究的深刻意义。因为这个每每出现于媒体花边新闻栏目的奖，其实并不仅仅是为了搞笑。

相比之下，日本人算是搞笑诺贝尔奖的常客，迄今共有十六个奖项入手，2007年起连续五年有人折桂。需要说明的是，2009年获生物学奖的三位得主，当中有两位中国留学生宋国富和张光磊。他们和导师、北里大学名誉教授田口文章共同的研究成果是从大熊猫的粪便中分解出一种细菌，能够将厨房的食物垃圾进行有效分解。以我这种自然科学的外行看来，该项研究不但不算搞笑，反而颇有高深的架势。况且，这座北里大学并非野鸡院校，而是日本的顶级医科高校之一，创立者北里柴三郎被誉为日本的细菌学之父，在破伤风病菌培养上曾有开创性的功绩。不过，转念又一想，大熊猫是一种濒临灭绝的稀有动物，即使天天搜集它们的粪便，收获也极为有限，而人类在庖厨中制造出的垃圾却属于完全不对等的数量级。假如这种细菌非得到大熊猫的粪便中去寻找，那么此项发明基本上不具备多大的实际意义。

可是，搞笑诺贝尔奖的评审资格的基本原则之一，即该"成就"无法或不应复制，简单地讲，就是缺乏可操作性。在大熊猫粪便中寻宝，庶几近之。

搞笑的也有。1992年首度为日本人博得头彩的神田不二宏等六位资生堂研究中心的专家，以《剖析导致脚臭的化学物质》一文荣获医学奖。搞笑的是他们的结论：自认为脚臭的人就会脚臭，而自认为没有脚臭的人就不会脚臭。说起来有点拗口，中心思想或可概括为：脚臭不臭，存乎一心。

顺便介绍一下历年的其他获奖日本人。1995年，庆应义塾大学教授渡边茂等三人因研究鸽子喜欢毕加索的画作多于莫奈而获得心理学奖项。他们日后还研究过麻雀喜欢谁的音乐作品，甚至比较鸽子和人类大学生对梵高画作的观感差异。1996年，冈村化石研究所的冈村长之助因发现身长在0.3毫米以下的迷你恐龙、迷你马、迷你龙、迷你公主等"新物种"的化石，获得生物多样性奖项。1997年，关西医科大学讲师柳生隆视等人因研究人在咀嚼口香糖时的脑电波变化而获得生物学奖；玩具公司ウィズ社长横井昭裕和同行大企业バンダイ的真板亚纪因推出电子宠物"たまごっち"而获得经济学奖。1999年，安全侦探社的牧野武因发明供妻子喷在丈夫内裤上的一种出轨偷情检测喷雾剂，获颁当年的化学奖。2002年，佐藤庆太、铃木松美和小暮规夫因发明狗语翻译机，改善人狗关系而获得和平奖。2003年，金泽大学教授广濑幸雄因从化学成分角度研究被鸽子讨厌的铜像而获得化学奖。2004年，发明卡拉OK的井上大佑获得和平奖。2005年，澳洲红酒研究所的早坂洋司因研究散发出怪味的青蛙的分泌物而获得生物学奖；中松义郎因在三十四年间坚持拍摄自己每天的进食，研究食物与脑部活动、身体健康的关联而获得营养学奖。2007年，国立国际医疗中心研究所研究员山本麻由因从牛的排泄物中提炼出香草精而获得化学奖。2008年，北海道大学、名古屋大学、广岛大学、东北大学的小林亮等五位学者，因发现单细胞的低等生物黏菌能够走出迷宫而获得认知科学奖。2010年，科学技术振兴机构、广岛大学、未来大学的中垣俊之等三位学者因研究利用黏菌设计城市轨道交通的最佳线路，而获得交通规划奖。2011年，滋贺医科大学讲师今井真等五人，发明了一种芥末喷雾报警器，用来刺激火灾等紧急状况下仍旧熟睡的人。

粗略分析这些获奖者及其成就，有一些或会让人觉得颇为符合日本人的思维方式。比如说对鸽子辨别能力的评判，是建立在长达数年的细致观察与大量数据统计基础之上的，而对搜集数据的偏爱与信任是日本人的一大特点。再比如说多项研究与菌类微生物有关，事实上，不论自然科学还是社会科学，日本人的研究课题普遍具有这种无微不至的劲头，恨不得把对象分析到原子以下的层级。这两个特点可以说是学术研究上的长处：实践数据总比信口开河要好，踏实于细节胜过大而空洞。但凡事必有两面：完全信赖数据推衍也许会误入歧途，而纠结一叶亦可能忽略了森林。

另外一个有趣之处，是得主们的身份。一些人不但是大学教授或研究人员，还供职于名门大学或国家级科研机构、知名企业。庆应大学是私立顶级自不待言，北海道大学、名古屋大学、东北大学等均是国立优秀大学，资生堂的招牌更不用说。以他们的身份，居然花费精力研究鸽子鉴赏艺术品、细菌走迷宫乃至脚臭？这大概是很多人难以理解的荒唐吧。不过，我以为，对此一现象假如换个角度思考，却可略窥日本科学技术发达的一点源流。

高考数学成绩不及格的我，对自然科学研究当然没有评头论足的资格，但总觉得有两个关键因素不可或缺。一个是想象力，一个是快乐感。反观搞笑诺贝尔奖的得主们，多半具备这两项要件。因为想象力过于奔放，所以有时候看似荒诞不经，但科学成果曾被打上荒诞标签的并不少见；因为快乐感，所以会产生出自然的幽默，博人莞尔之中自有一种端正的态度在焉。日本的自然科学研究水准有目共睹，真正诺贝尔奖的得主也不比搞笑的少，其实这两者倒不如说是一枚硬币的两面。我们常年乐于追问中国科学家为何无缘诺贝尔奖项，若以想象力和快乐感的标准去衡量，答案如何？所以我对于中国学者能打破搞笑诺贝尔奖零的纪录，实有诚挚的祝贺之情。

当然，想象力和快乐感有一前提，即促发并保证它的机制。可以设想中国的化妆品公司研发部门会允许几个人拿着薪水研究脚臭吗？可以设想中国的名牌大学教授带着团队盯着鸽子的艺术鉴赏力吗？没有这个机制的土壤，也就很难生长出果实。2002年，真正的诺贝尔化学奖给了日本知名企业岛津制作所的研究人员田村耕一，因其籍籍无名而引发了全国瞩目。媒体上说当日有雨，他的夫人在仙台街头乘出租车，听到广播里传来丈夫获得诺贝尔奖的消息，还抱怨"怎么拿咱家的老实人搞恶作剧呢"。如果她听说过搞笑诺贝尔奖的话，没准儿会以为丈夫得到的是那玩意儿。事实上，田村的成绩，很大程度上得益于岛津制作所的宽松环境：他可以长年拒绝升迁，岛津也容许他实验上的一再挫折。（说句题外话，田村获奖后成为国民英雄，却拒绝了岛津把他的待遇提升到董事级别的提案，还谢绝出任新年红白歌战的评委，令人敬佩。这也说明，在学术研究中他能自得其乐。）

回到搞笑诺贝尔奖上，这些奖项并不都是学术界的抽象论证，若论社会影响，1997年获奖的"たまごっち"开创一时无两的电子宠物风潮，堪称惊人。

1996年恰好是我来日本的第一年，年底骤然出现了这个新生事物，中文好像称作"宠物蛋"。翌年，"たまごっち"的声势进入全盛期，形成了所谓"ブーム"（热潮），据说有当红偶像女星安室奈美惠的推荐之功。非但贩卖店门口有人彻夜排队，还有女学生为了赚钱购买它而卖身的报道。我在读中学的表弟那里见过一个，借来摆弄了两下，实在不明白它为何有那么大魔力。如今想来，那也是互联网代表的虚拟空间开始在普罗民众生活中悄悄登场的年份。因为虚拟宠物的走红，是否可以将1996年命名为"虚拟元年"呢？后人回顾历史，抑或会有同样感想。

"宠物蛋"当年的威风席卷了三十余个国家和地区，共卖出约四千万个，日本国内和国外各半，就经济角度而言，不能不说是一大辉煌成功。バンダイ公司自己也烧昏了头，盲目扩大产能，结果两年后"ブーム"退去，仓库内积压的几百万个"宠物蛋"令其亏损达六十亿日元之巨。但是，这十多年来，功能革新后的新型"たまごっち"商品还在不断涌现，或许某一天会再度风靡亦未可知。

我对养宠物素乏好感，电子宠物更不待言，那玩意儿除了能证明饲主心灵非一般的空虚，看不出还有什么意义。可论起商业价值，"たまごっち"就像卡拉OK，算得上日本人的一大成功创造。这个创造之所以能够产生，想象力，是最核心的前提。日本在制造、设计、营销等诸多领域的优势，实则建立在充沛的想象力之上。对比这一点，咱们不妨自我掂量掂量。

＊树与屋：乡村里的风景／北海道

棒球为什么这样红?

2006年德国世界杯，日本队小组出局，中田英寿宣布退役，舆论认为日本足球运动可能陷入一段低谷。虽然日后的现实表明，日本足球并未大幅衰退，反而有所进步，但当时曾让我担心了好一阵子。我感到忧虑的理由比较独特，一旦如他们所说，以后想在电视上看到足球比赛的机会就更少了。

统治日本电视频道的体育项目是棒球，日文汉字是"野球"，它也是日本的国球。然而，来日本这么多年，差不多什么都能接受，生鱼片也能勉强吃一口，只有棒球始终敬而远之。在饭店打工的留学时期，尝试着看过一会儿店里的电视转播，实在找不出任何亮点：比赛枯燥而漫长，既无激烈的身体对抗，又没有运动员的惊人技艺展现，一场看似热闹的竞技显得莫名其妙。

就是这个玩意儿，成了日本的国民运动。棒球比赛的日程非常频密，占据了许多夜晚的电视节目黄金时段；纸面媒体上的讯息更是铺天盖地，教人不禁要问：日本人为何如此热爱棒球？

　　在烤肉店打工的时候，厨房里有一位总以发达国家公民自诩的日本老同事，曾问我中国人是否打棒球，我回答普遍不大喜欢，足球更受欢迎。他似乎发现了其中缘故："对啊。中国比较穷，穷的国家一般不打棒球。"我当即反驳："古巴棒球比日本厉害啊，是穷还是富呢？欧洲国家也都踢足球，没多少人打棒球。"他无话可说，转身走了。彼时我的日语水平不佳，否则还可以说说棒球在东亚的影响，基本上带有强烈的美国殖民文化色彩。日本的棒球，也由美国舶来，并在战后美军驻扎的背景下扩散了影响。所以，东亚的日本、韩国以及中国台湾成就了棒球的发展土壤，而在中国大陆，棒球至今依旧抛荒。

　　据说棒球的源头是英国的板球，在美洲演变而成一项新的竞技运动，特别是美国，形成了热烈的棒球文化。但是它最初的发展脉络和文化意义如何，我这个门外汉完全不懂，对它的走红更不得要领。依我看来，论观赏性，它远远不如多数球类运动，足球或篮球等都能让一个完全不懂规则的观众在几分钟内体验到其对抗性和运动员的本事，棒球比赛动辄三四个小时，却无法迅速地引人注目。论文化意义，其他团体球类对抗竞技，有时折射出了深层的民族性格，可视为社会结构的缩影，棒球虽然也是团队项目，却很难说体现了什么内涵。我以小人之心揣测，美洲的移民们就是把板球篡改一番，以新运动来显示与旧大陆的不同。同样，东亚的棒球三强之所以爱上这口儿，也是出于殖民地人民的心态。

和其他球类对抗项目比,棒球对运动员的技艺天赋、身体素质的要求没那么高。当美国人把棒球传入日本的时候,估计日本人发现这是个相对可以和殖民者对抗的游戏。英国人也带来了足球,但那种激烈的角逐只会更加挫败东方黄种人的自尊心。以此类推,日本人在朝鲜半岛和台湾的殖民统治中也带去了棒球,并得到了当地人的认可。这种现象在战后得到了进一步的巩固,美国的超级大国地位与驻军,使得打棒球具备了一种潜在的身份暗示,好像骄傲地与世界老大并肩而立。今天的棒球国际排名亦证明了这一点,无论是古巴、日本,抑或韩国、中国台湾,都把和美国紧密相邻的地位视为光荣,更别提战胜美国带来的激动了。

有趣的是,棒球在全球范围内,大致属于一个只有美国殖民文化扎根之处才能活跃的冷门竞技,甚至被不那么光彩地取消了奥运会正式比赛项目的资格。棒球的世界杯和足球的世界杯相比,后者是盛大的体育庆典,而前者因参加者太少,只能数支球队反复交手。

棒球虽然魅力平平,但人人皆可参与,从儿童时期开始的游戏容易造就长大之后的棒球爱好者。不过,假如孩子们接触到了更过瘾的运动,他们就很难移情于棒球了。在战后的西欧,尤其是联邦德国,美军驻扎地附近总有棒球场和比赛,可棒球在欧洲至今仍无法形成气候。因为在足球文化浸淫中成长的人,对棒球的观感估计是曾经沧海吧。这也从侧面说明,东亚的现代体育竞技是完全输入型的,在日本并没有像德国那样的体育传统,所以棒球才能在此生根。中国大陆的特殊,或许在于当时居主要地位的殖民势力是英国。

在东亚的棒球流行地带，多年积累的棒球氛围目前仍旧火热，估计会和美国的世界霸主地位一同持续。在日本，集团性的文化性格使得这种棒球热更加稳固，因为你可以通过棒球与他人找到共同语言，建立集体的归属感。所以，眼下的日本，虽然棒球电视转播的收视率有所下滑，国民第一运动的地位还算稳固。能说明问题的莫过于高高坚挺的球员年薪。2011年棒球界给出的最高年薪是五亿日元，而传统豪门巨人队的一线平均年薪也高达七千万日元。足球界的最高年薪是1.5亿日元，这个数字在棒球界只能排到二十五名开外。"亿元俱乐部"的足球球员只有四个人，棒球界却有四十多人。即便是仅仅出于金钱的诱惑，恐怕还是有大批的小孩子和家长期待着在棒球上有所成就。况且，与别的运动项目不同的是，棒球选手的职业生命常常可以超过四十岁。

前几年，一些日本棒球职业俱乐部对中国的棒球运动很是热心，不但大力支持中国推出职业联赛，还相中了个别中国年轻球员。迄今为止，华裔棒球手王贞治在日本的棒球领域创下了旷古烁今的伟大成就，对于中国人的棒球能力好像是个强大的说明。然而，早在2008年就被国际奥委会从奥运项目中开除的棒球，在中国奥运金牌当先的体育战略下，本来就缺乏群众基础，几乎不可能有任何前景。

日本足球职业联赛创办之初，尽管嘴上没说，却把追赶并打倒棒球当做长期目标。转眼间快二十年了，世界第一运动在日本只能屈居人后，甚至不如相扑，这无疑令足球人心有不甘。进入二十一世纪的时候,民调显示日本人最喜爱的体育运动,棒球高达55.2%,远远高于足球的22.7%。(插嘴,我在前一本书中谈过日本人对长跑的酷爱,马拉松的37.9%和接力长跑的34.6%足以证明。)日本的棒球水平是世界第三,亚洲第一,拿过世界杯冠军;男子足球最好成绩是世界杯十六强,亚洲第一,女足曾获世界杯冠军。从成绩上说,足球尚有差距。不过,考虑到足球的全球普及程度,日本足坛人士有点野心也很正常。令他们觉得大有指望的是年轻人。七十岁年龄段的日本人50%看棒球,只有11.5%的人看足球;但在二十岁年龄段,棒球爱好者下降到43.3%,足球却激增到32.6%。革命尚未成功,同志仍须努力,好歹有了盼头。

*人与景：略显料峭的初春，看海的人

／北海道

女仆变奏曲

敘·話

在一些以日本战前为背景的文艺作品中，经常会有女佣的角色出现，男佣亦偶尔可见。比如我以为最能代表日本的作家三岛由纪夫，有贵族血统，他幼年时的家中就雇有三位女佣。这些女佣一般住在雇主家里，其成分则分为中老年和青年两大类。中老年女佣多是已婚女性或寡妇，迫于经济压力从事此工作，尤其是近代以来日本战争频仍，造就了不少寡妇。青年女佣则泰半是农村姑娘，在日本的都市快速成长期来城市谋生，有时甚至是未成年的十六七岁少女。比较有趣的一种少女女佣，是地方上的良家女孩，通过可靠的人引荐，到城市的豪贵之家做家务帮手，虽然得不到太多薪水，但会增长见识，而雇主在她成亲的时候支付一笔嫁妆或赠礼，有点养女的感觉。

一直到二十世纪五十年代，这种住在雇主家里的用人还有存在，此后却以和日本经济起飞差不多同步的速度消失。补充一句，日语中有从英语 maid 发音转来的メイド（女仆），但日常使用中大多是传统的"家政妇"等。メイド从接近死语的地步翻身，是前几年红火了一阵的"女仆咖啡"，已经带有明显的色情意味。若有人在家里雇一名未成年花季少女当帮佣，被捕差不多是必然的，唯有"女仆咖啡"之类权且可以意淫。

和许多国家、地区的富人家庭不同的是，日本的有钱人极少雇用住家女佣。这个变化从二十世纪五十年代开始，在一个综合性的时代背景下逐渐完成。

首先是女性的权利意识、教育程度、社会角色发生了巨变，尽管今天日本还是根深蒂固的男权社会，但与战前相比确实算天翻地覆。战前的日本女性虽然早在二十世纪三十年代就消灭了文盲，可是能接受高中以上教育的绝对凤毛麟角。而战后，女性除了获得参政权之外，教育的发展也使得女性的大学升学率已经和男性相差无几，在短期大学学生中更占据了压倒多数；其次是日本社会、产业结构与战前大不相同，至少在战败的压力下，原来的部分华族豪门、财阀世家受到了抑制打击。同时，第三产业的大幅扩张，吸纳了更多的女性底层劳动力；再次的原因是技术层面的，亦即家用电器的日新月异，洗衣机、电饭锅、吸尘器等新玩意儿的陆续登场，相当程度上减轻了家庭的家务负担。

富人虽不再雇用仆人，但在战后的经济成长期达到一定程度之后，部分中产家庭产生了家务帮手的需求。与之相应，日本构筑了都市女性已婚后在家当专职主妇的体制。这种"男主外，女主内"

的性别分工模式,让男人没有后顾之忧地全力为职业奉献,女性则以家庭内劳动间接推动着经济的发展,应该说是日本经济起飞的一项重要原因。

说到这儿,不妨对照一下中日两国的差异。在中国,"妇女能顶半边天"是政治上正确的原则,女性担任更多的社会角色意味着争取平等权利,实现自我价值等诸多内涵,甚至被当做社会体制优越性的体现。这自然导致中国的职业女性和日本的职业主妇之间巨大的分野,但要考虑到两国在人口、产业结构等多方面的区别,所以未必可以说哪一个体制更好,只能说日本的职业主妇在其经济成长期的作用利大于弊。需要指出的是,职业主妇的存在前提是男性的收入足以支撑家庭的开销,老爷们儿要能养得起家。这也说明了为什么自日本经济陷入长期低迷之后,女性的就业率反而出现显著的提高。形势比人强,在现实生活中,不少主妇在照顾子女和做好家务以外,还是会找点零工贴补生活。

回到女佣的话题上。住家女佣的消亡,并不意味着整个行业的湮没,它的一个新名字叫做"家事代行",也就是中国的"钟点工"。不过,由于现代日本人比过去更加注重隐私的保护,对用人会有较多的抵触,这个"家事代行"产业始终处于半死不活的状态,直到最近十余年才有所改观。

如今已经完全现代商业化的"家事代行"业,一个特点是中小企业云集,没有独霸一方的"大手"(大公司)。因此,行业的竞争也极为激烈,服务价格有日趋下降趋势。我有一次搭乘出租车,看到某家政妇派遣的广告。两位家政妇清理全部家务,两个半小时,收费9800日元。就日本的月收入40万日元左右的中等人家消费能力来说,并不算昂贵。

单纯以经济角度来看,新型的"家事代行"业务前景值得关注。根据经济产业省专家的计算,2000年日本的钟点工产业规模是570多亿日元,而十年后就达到了约1000亿日元,增长率较为突出。带动日本"钟点工"需求的因素主要包括三点:一是人口的老龄化,需要帮忙照顾老人、打理家务的家庭日益增多;二是女性单亲家庭的增加,母亲忙于工作,自然无暇管理家中;三是希望外出就业的已婚女性越来越多。经济不给力,许多原本依靠男人收入维持的家庭面临财政窘境,主妇们也只好寻思赚点外快。毕竟,"家事代行"的工作内容无外乎清扫卫生、做饭,对她们来说本来就轻车熟路。

和实实在在的"家事代行"相比,从动漫的虚拟世界中走出的"メイド"完全是另一种事物。我没去过所谓的"メイド咖啡",但在"御宅文化"的圣地秋叶原街头见过不少发放广告品的メイド装束少女。几年前,电视台曾报道有男子在该地袭击猥亵这类少女,被称作"メイド猎人",导致她们暂时消失了一段日子。据说"メイド猎人"在电子游戏里有同名的商品,显然有人不满足于二次元空间的愉悦,想把游戏变成现实生活。对"メイド"现象,如果究其精神根源,不外是一些沉湎于动漫、人际交往能力受到重创或几乎丧失的心理疾病患者,试图依赖虚构的"女仆"来寻求缓解宽慰。

但是，在无孔不入的商业力量操作之后，"メイド"被塑造成了一种吸引眼球的宣传手段。倘若给秋叶原这个全球著名的"御宅文化"根据地选择一位形象代言人的话，应该会是メイド打扮吧。

＊劳与逸：旅游大巴上的讲解员一直在卖力地活跃气氛／奈良

小强为什么这么强？

日本制造业企业在世界上的知名度，以四大类最高：汽车类的丰田本田日产等，电子产品类的富士通 NEC 等，家电制品类的索尼松下东芝等，精密仪器类的尼康奥林巴斯理光等。当然，这只是概括罗列，实际上的名单可能还要多些。但是，日本全国的制造业企业并不是只有这一批巨无霸，相反，数量上占据绝对多数的是浩如烟海的中小企业。在如此之多的中小企业当中，隐藏了不少世界级的高手。这往往是一般人所忽视的，却值得深究。

举几个例子。

喜欢足球的或许知道日本联赛有支球队叫柏太阳神，近年来创造了升入顶级联赛便夺冠的凯泽斯劳滕神话，也是亚冠的常客。这个柏是离东京不远的千叶县下辖城市，规模不大。可是，此地有一家世界独一无二的企业：冈本硝子。这家企业成立于1928年，最初是为海军和铁道生产照明灯用的特种玻璃，因为军方和铁道部门审查极为苛刻，锻造了精益求精的技术。今天，它是全球最强大的医疗用照明灯的特种玻璃生产商。牙医的那个带照明的小镜头，大家都比较熟悉，还有广泛应用在内外科的各种体内照明窥镜，其必须的不发热并且高度清洁的玻璃，都来自冈本硝子的工厂。

在比较偏远的高知县南国市，有一家名叫 Miroku 的中型企业，是全世界最优秀的猎枪制造商之一，其制品堪称顶级名牌，每年生产十二到十三万支猎枪。有趣的是，日本本国对持有猎枪的审批极其严格，所以这些枪支也只能走向海外市场。Miroku 成立于 1893 年，最初生产猎枪和捕鲸枪，后来因为日本政府的枪支管制，改为外销。它之所以成为国际名牌，在于手工熟练工人的高超制造技艺，现在虽然部分机械化，但仍然保持了精制的传统。该厂商的原则是，猎枪的生命在于精度，要想提高精度，就得做到组装过程的零失误，部件的精确度要达到千分之一毫米级别。现在，由于猎枪市场式微，该企业开始转型精密机器的制造。

更神奇的小企业来了。东京的平民住宅区内，有一家员工只有五个人的小公司，资本金规模是日本法律要求股份公司的最低限度。这家公司叫野田鹤声社，社长身体不好，整日病恹恹的。然而，该公司居然是全世界最牛的足球裁判用哨生产厂商，垄断了从世界杯到欧洲各大联赛的赛场。这个哨可不简单，要求在数万人的呼喊声中能听得清清楚楚，也要求在裁判跑得疲累的情况下吹着不费气力，其构造和制作工艺是野田鹤声社的独门绝技。该公司成立于 1919 年，本来专门生产发声的玩具，战后一度濒临破产，因为收到美国的一千个哨子订单而幸存。当时的老野田社长意识到海外的市场前景，全力开拓欧洲的足球发达国家，最终缔造了成功。

小企业的成功，有时会在一个不起眼的领域，上述的足球裁判用哨就是。爱知县丰桥市的企业本多电子，则是全世界最大的渔民用鱼群探测器制造商，不要小看这个玩意儿，全球年销售额也有四十亿日元。

日本经济产业省曾有一个统计数据，日本国内市场份额占有率第一的中小企业，共有五百五十家，其中全世界市场占有率第一的有百余家，更有十几家是全球市场独大。这些企业，可以说是日本制造业的不知名的一流高手。他们共同的特点是技术的遥遥领先，甚至可以说根本不怕任何外来竞争。而技术的精湛，首先得益于日本悠久的"匠人"传统，把技术较真做到极致。他们都普遍和大学等科研机构保持密切联系，也始终强调内部技术人员的传帮带和交流氛围。全球船用冷冻冷藏设备的百分之八十都出自日本的前川制作所，该公司最让人震惊的是一位老技术人员居然到了九十二岁还不肯退休，仍然坚持每周三天出勤，和后辈一起探讨精益求精的可能。

而本多电子的本多社长也表示，坚决不上市，坚决不扩大规模，因为要保持公司员工的家族般的情感氛围，要减少人际关系的不必要障碍，要维持技术人员为核心的体制。这些话听起来，是否有令中国企业深思的呢？

*纯与清:两个打乒乓球的中学生,神色坦然,目光清澈/大阪

对谈之乐

日本传统的主流报纸,从发行量比较,以《读卖新闻》《朝日新闻》《每日新闻》为三巨头,财经媒体的老大《日本经济新闻》位居第四。这些报纸的一个共同特点,在于头版下面的广告,几乎都是新发行的各类书刊。日本各大报的发行量常年号称世界之最,按理说,寸纸寸金并不过分,特别是头版,绝对最受广告商的青睐。可是,所有报纸的头版除了几个火柴盒大小的插件广告之外,下方的长条区域都用来刊登书刊推介。还要补充的是,书刊基本上学术类居多,而非乱七八糟的畅销书。这一点,不能不教人有些心生敬意,因为放在中国,房地产商恐怕不会放过这块地方吹嘘他们的品味吧。

战前的日本报纸上,曾有头版全是商品和书籍广告的时期,但后来商品不见,书刊独存。说实话,那些学术书籍即便有这样的宣传条件,销量仍旧有限。大报们的做法与其说是坚持传统,不如说是维护自身的文化形象。不过,从简单的书刊介绍里,倒可以一窥日本学术界的动向或社会的关注焦点。我每次看报都颇留意此类广告，发现不少书籍的主题是对谈，此一特色或值得一提。

所谓对谈，就是对坐闲谈，看似随意，实有深趣。日本人喜欢对谈这种表现形式，对谈型的书籍、报道比比皆是。即便是介绍AV最新作品的色情杂志，每期也要安排几位女优对谈，讲讲自己的工作经验和私生活。而比较有名的对谈，可能要数新兴宗教创价学会会长池田大作与英国历史学家汤因比关于展望二十一世纪的那本书，有包括汉语在内的多种语言版本。池田大作似乎极其喜欢对谈，创价学会的刊物上不断刊载他和世界各国学术界为主的人士侃侃而谈。我曾读过他与武侠小说大师金庸的对谈书《金庸池田大作对话录》，两人在文学、宗教、历史等领域的闲话，其中果真能显示出谈话者的学养和智慧，值得一观。

对谈的根本前提，在于"对"，强调双方的地位平等，不同于访谈。访谈因为访问者与受访者的身份差异，大有变成一言堂的危险，特别是当代媒体的品格普遍低下，访谈往往形同谄媚。你看看报刊上的啥子名人访谈，大致如是。只有在"对"的状态下，双方通过语言的交流，思想碰撞产生火花，才有灵光的迸发和观点的激荡。至于对谈的双方，倒未必非得是同行或熟人。中田英寿和本田圭佑能够对谈，大江健三郎和小泽征尔也能够；1949年诺贝尔物理学奖得主汤川秀树更是出版了一系列对谈文集，对方包括加藤周一、梅原猛等诸多人文学者。

中国女作家查建英前几年曾推出了一本很有特色的《八十年代

访谈录》，记录了她对二十世纪八十年代中国文化界的一些重要人物，如北岛、阿城、崔健等人的访谈。查建英本人亦是二十世纪八十年代北京文化圈的一员，以小说《丛林下的冰河》闻名，所以她倒不是一般的记者采访性的访谈，多少有些对谈的成分在。但以日本的标准来看，"对"的程度还是不够。

2007年，日本最大的出版社讲谈社创立"大江健三郎奖"，策划了一个和大江健三郎公开对谈的活动，2012年是第六届。这次与大江健三郎对谈的是十九岁就获得日本文坛最重要的芥川奖的女作家绵矢莉莎。所谓公开对谈，台下还坐了不少观众，既有现场感，又有随意性，着实是一个有趣的创意。演讲是一个人照本宣科的独角戏，对谈则变成了更丰富的舞台剧。

我尊敬的旅日前辈学者李长声老师曾写过一篇关于日本对谈风气的文字，我这算是狗尾续貂。李老师说的一点深得我心，即对谈实际上就像一场考试，可能考的是你对谈话对象的了解，也可能考的是你在自己本来身份以外的知识。总之，对谈需要有备而来底气十足，并非随性所至信口开河，否则一张嘴便容易露怯。

我很希望中国的媒体和出版行业能有更多的对谈题材出现。不仅是知识阶层，甚至也可以延请平民百姓；不仅两人对谈，也可以多人座谈。记得曾在一本日本周刊杂志上看过几位"在日"中国女性的座谈，主题是中国女性的性观念与体验。她们的共同特点是都有过中国和日本的男友或丈夫，看这些妇女坦率的阔论，内容相当有趣。啥是比较文化？这不就是最鲜活的比较文化嘛。

*艺与美：一个临街家庭的院子里，主人正在修剪花木／京都

逐利的传媒

日本的传媒业在社会生活中占据了极其重要的位置，其发展程度亦在全球赫赫有名。别的不说，单是几大报纸的发行量，常年位列全球排行榜前列，足以显示其分量。这里所说的传媒，特指报纸、杂志和电视，并不包括网络。日本没有像中国几大门户网站自主报道采编的同行，雅虎等网站虽有新闻，但都是转载其他媒体，数量有限，想看更多就要花钱。原因应该在于转载需要支付版权费用，恐怕没有哪个网站能支付得起；同时，各家传媒也都建设了自己的网站，当然，网络版不能损害到现实中的利益，大多数还是要读者交钱。

传统的日本三大报，读卖、朝日、每日，都创办于1870年代，如今每日渐衰，专业性较强的《日本经济新闻》在发行量上有打入三甲之势，战后冒头的《产经新闻》可算得上全国性报纸的老五。与五大报纸对应，民营的几大电视台分别是日本、朝日、TBS、东京（TXN）和富士。杂志方面，各大报系皆有各自的周刊，讲谈社、文艺春秋社等出版社和独立杂志社的发行物也是五花八门。不过，近年来杂志业界连续萧条，销量不断下滑，导致不少杂志停刊，有些历史悠久品位不俗的着实可惜。

从新闻传播的角度来看，日本民众对传媒的信赖程度，报纸是82.3%，电视是56.3%，周刊杂志只有9.8%。周刊杂志有点像小报，噱头十足，但可信度较低。自1985年开始统计以来，日本人对报纸的信赖程度一直在80%以上，所以说报纸左右着舆论导向并不过分。舆论自然分立场，三大报中，第一大报读卖被认为是中间偏右、保守色彩，次席的朝日则是中间偏左、自由主义，每日也算中间偏左，似乎比朝日略右一点。日经是经济类专业报纸，政治色彩不太强；产经则以日本的右翼声音代表闻名，立论鲜明。各报之间的报道和言论纠葛时有发生，有的还闹上了法庭。不过，除了产经之外，三大报在一些具体问题上的立场有时也不那么泾渭分明。比如读卖虽被视为偏右、保守，但其社长渡边恒雄基于自身的战争经验，坚决反对参拜靖国神社，对歌颂军国主义的游就馆（靖国神社附属机构，类似展览馆）持强烈批判态度。他主导的《检证战争责任》一书，在检讨日本的军国主义上表现出了少有的理性和责任感。

日本的公营媒体首推NHK电视台，不像咱们的CCTV，它不允许播放商业广告。但报纸、电视等民营媒体，首先是一个企业，追逐利润理所当然。然而，媒体一般又都自称提供真相、代表良心，秉持操守。利润与操守，这对任何国家的商业媒体都是难题，日本也不例外，体现得比较明显的莫过于对中国报道的立场。过去，《朝日新闻》被视为"亲中""左派"，但近年来为了迎合日本社会的对华反感潮流，逐渐向右倾斜，有时言论之偏颇甚至胜似产经。这种为了逐利的变脸，在朝日历史上已有先例。1931年"九一八"事变后，朝日就放弃了原来的自由主义和反战立场，开始迎合军部，主要原因是在乡军人会和各地神社发起了抵制朝日的活动，令其营业备受压力。1979年，《朝日新闻》创刊百年，时任社长渡边诚毅说："我们创刊不久，明确地建立以公平无私为主旨，以作世上耳目为本分的编辑方针。现在《朝日新闻》纲领中有不偏任何党派的自由言论及公正迅速的真实报道，这正是本社传承百年的传统精神。"这话说得有些过头，至少在"二战"期间的十几年里，《朝日新闻》完全沦为军部的喉舌，毫无操守可言。

今天的日本几大报，同样也面对新传媒时代的商业风险，竞争十分激烈，而在中国问题上讲得更符合民众心理，成了最划算的操作手法。反过来，这种对华报道的偏向性，进一步加深了普通日本人"反中""厌中"的情绪，形成恶性循环。渡边恒雄在《检证战争责任》中称导致日本走上侵略战争之路的罪魁，第一是军部，第二是媒体。现在军部倒是不复存焉，媒体走在了最前列，未来中日关系如果继续恶化，日本的这些大报应该脱不了干系。

媒体都鼓吹自己客观公正，没见过自承撒谎骗人的。然而，在意识形态的笼罩下，任何国家的媒体都难免有其倾向。阻碍媒体人反思自身的，首先是媒体的精英色调。

东亚的所谓现代媒体，最初就是报纸，出版发行不过一百多年的历史。不过，在那个时代，报纸是当时最重要的公众舆论活动空间，特别是都市地域。抛开言论立场的分歧，这些早期媒体的共同特点是浓烈到化不开的精英味道，因为其发行、编撰等业者基本上都属于社会中的精英知识分子。在识字率本已很高的日本，报纸算是精英阶层主导操纵社会舆论的有效工具；在知识阶层相对于文盲民众数量过少的中国，报纸有时甚至仅仅是精英知识分子彼此之间骂架斗嘴或满足个人虚荣意淫的载体。此一精英特性在日后大体被继承下来，使得媒体与媒体人在东亚社会中享有较高的地位。

在日本，新闻社、电视台记者属于高收入阶层，和医生、律师、金融机构管理人员处于同一等级，在社会上受到尊重乃至敬畏。富士电视台员工平均年龄39.8岁，年收入1567万日元；《朝日新闻》员工平均年龄42.3岁，年收入1358万日元。这分别是电视台和报社的最高水平，而日本上班族的整体平均年收入只有400万日元左右。然而，其危险之处在于当媒体和媒体人对这种精英特性感到习以为常或引以为豪的时候，他们即便不是变得流于滑稽，至少也是和自身标榜的种种口号出现了背离或扭曲。

当媒体和媒体人真的以精英自诩，由此产生骄矜傲慢，精英就会变成小丑。事实上，这恐怕是全世界媒体及媒体人的普遍境遇吧。

*俗与道：神社里做法事的僧侣，后面是高层现代化住宅／奈良

道和神道

日本人也有结婚送礼金的习俗,金额的数字以单为宜,一般来说应邀出席的宾客拿三万日元的居多。中国人说好事成双,礼金通常要以偶数开头,这是两国人情的一个小小差异。不过,三这个数字在日本显然有不同的地位,折射了文化和历史的流变。

日本天皇有"三种神器",八咫镜、八尺琼勾玉和天丛云剑,类似我国的传国玉玺。日本的传统观光地,最有名的则是"三景":宫城的松岛、京都的天桥立、广岛的严岛。(日本现代海军草创期,还有以此命名的所谓"三景舰"。)熊本县的熊本城,与大阪府的大阪城、爱知县的名古屋城(或兵库县的姬路城)则被称作三大名城。金泽的兼六园、冈山的后乐园、水户的偕乐园,并称日本的三大名园。明治维新有三杰:西乡隆盛、木户孝允、大久保利通。德川幕府麾下有最亲近的嫡系"御三家",而"御三家"在今天遍布日本各行各业:化妆品是资生堂、花王和高斯,汽车是丰田、日产和本田……三,在日本的独特地位不言而喻。八卦一点地说,三菱(三大财阀之一)、三井(三大财阀之一)、三越(高级百货店)、三矢(日本最早的碳酸汽水品牌)……他们为什么都如此中意三?

三在中国文化中,渊源最深的是道教。《道德经》说:"道生一,一生二,二生三,三生万物。"道家和道教典籍中,常常出现三的数字。如"三清"(玉清、上清、太清三位道教尊神)、三才三光(天地人,日月星)、"三宝"(玉清天宝君,上清灵宝君,太清神宝君)、"三神山"(瀛洲、方丈、蓬莱)……这种现象与日本人的崇"三"有确实的关联。

简略言之,在于道教与日本神道教的血缘。

其实,这个说法不够严密,因为道教作为宗教的明确建立,通常以汉末为期。但其前身的种种信仰,早已随着大陆移民渡海抵达日本列岛。理论上讲,大陆移民,特别是方士多出的山东半岛周边的移民,奠定了日本列岛的宗教基础。我在前一本书中曾引用吕玉新教授的《古代东亚政治环境中天皇与日本国的产生》里所述,日本人今天在参拜神社时的拍掌,即为周人祭祀礼仪。所不同者,在于日本因为大海阻隔,没有参与大陆上的变迁,使得这些传统信仰大体得以保存流传。最具影响的,莫过于天皇的大祭司身份。中国隋朝阶段,隋文帝对倭国使者说的倭王专司鬼神,亲人处理政务大感诧异,但这实为殷周时代的传统使然。

中国的道教在形成之后,在岁月的湍流中经历了巨大的变化,与政权的互动,外来宗教的竞争,异族入侵的冲击,皆留下深刻的印记。对此有兴趣的朋友,建议阅读葛兆光教授的《屈服史及其他:

六朝隋唐道教的思想史研究》，一本不可多得的佳作。但在日本，这个移民带来的原始宗教却保留了不少原汁原味，比如泛灵论和多神信仰。日本的再一次与大陆密切接触，是在隋唐时期。尤其李唐为求显赫家族背景，和太上老君攀亲，道教一时具有了国教的地位。唐高宗的道教信仰最为虔诚，下诏自称"天皇"。一些日本学者认为，这个称呼影响所及，原来的倭国国王也就变成了"天皇"。

后来，佛教传来，就像大陆上一样，受到刺激的本土宗教作出回应，神道教应运而生。就渊源来说，彼时的神道教和道教算是近亲。然而，到了近代的明治维新，神道教在政治上成为塑造鼓吹民族国家意识形态的工具（国家神道），性质完全改变。特别是针对神道教与道教的关系，由于"神国"与"支那"的水火不容，真相就成了禁忌。早稻田大学教授津田左右吉曾撰文指出天皇神话的不实，以及该称号与中国道教的亲缘，结果不但书籍被禁，本人更因学获罪。

战后日本的天皇从神格恢复了人格，并在美军占领下贯彻政教分离，神道教大致恢复了本来的宗教信仰面目。不过，神道教缺乏完备的理论建构，虽然在日本人的生活中随处可见（神社），却更像一种传统风俗或文化习惯。还有部分人士出于脆弱的自尊心，不愿承认神道教与道教的牵连，而诚实的学者们则对津田的观点进行了进一步的考证。

我要着重强调的是，确认神道教和道教的血缘联系，确认天皇称号的大陆源流，这些都不是为了满足中国民族主义者的虚荣心。

即便日本天皇至今仍在中国古代典籍中寻找年号,并不能让我们觉得骄傲自豪。这个话题的真正价值在于,如何理解东亚世界的历史发展进程,以及文化在不同环境下的变异。

　　日本传统文明的主体是大陆文明由移民方式带入而生的,请注意,我没有使用容易引起误解的"中国"。其特点有二。一是因为地处海外,与大陆交流受限,很多原始的特征和古早的传统得到了保存。我觉得对日本的一些信仰和风俗的研究,有助于对先秦文化的探索,进而绘制东亚早期的文明地图。二是日本的特殊地理环境,如火山地震等自然灾害的频发,如海洋性气候和岛国特点,使得这个大陆文明分支发生了一些独特的变化。俗话说,一方水土造就一方人,就是此理。

　　经常听到有人说日本的传统保持得好,古迹或古物得到妥善保存,这确为不争的事实。但是,就像神道教和今天的道教已经很难说有多少共通一样,归根结底,日本因其岛国地位,没有经历大陆漫长而剧烈的历史变迁。大陆上的文明对抗、民族融和、宗教交流、政权更迭,程度之深,涵括之广,都是日本无法比拟不可想象的。放在历史的长河中,也无法判断谁好谁坏,幸运或不幸,我觉得最值得推许的态度,是钱穆先生所说的"温情与敬意"吧。

　　对道教和日本神道教的亲戚关系,吾国似乎全不放在心上。某日闲逛,看到东京的三井美术馆将举办道教美术及人物展,很感兴趣,决定要去参观。以为是中日合作的文化活动,看主办机构中却没一个和中国有关。鲁迅说过"中国的根底全在道教",虽然他是在骂人，但道教的重要性确实被忽略了。如果把道教简化成道家哲学的话，可能会有很大的输出空间。总之，这个细节让我颇为不快，因为我始终怀疑咱们的对外文化交流搞了些什么，比如满世界插秧似的孔子学院。

***虚与实**：一幅破损的传统日本画，中国式技法／京都

中日千年错看史(代后记)

人与人交往当中，时有错看对方的情形，或把恶人误以为本心良善，或将好人疑心成貌忠实奸。要说错误最严重的，莫过于热恋中的情侣，情浓之下，明知是对方的缺点恶习，竟也视而不见，甚至还觉得别具魅力。这种阴差阳错的彼此观感，国家民族之间亦然。看看中日两国交往关系史，就会发现双方的互相误读，已经有千余年的历史，至今仍没有多大起色。

一

中国人看日本，往往是从大处和表面着眼。首先看到东瀛是海外岛国，蕞尔小邦，其次看到的是日本学习了不少中国文化，受我们的恩泽日久。这两大印象，可以说在中国人心中已成无意识之定式，随之衍生出的根深蒂固的盲目轻视也导致中国人总是无法真正理解日本，更难以秉持对日交往中的平和心态。

古代中国历史典籍极为丰富，但是对于和我们交流了千余年的邻国日本，记述详尽而准确的实在凤毛麟角，相反，浮光掠影的皮相和道听途说的传闻倒是太多。

根据中方史料，两国交往之肇始是汉武帝元封三年（公元前108年），倭人部落到汉的乐浪郡献贡。而魏齐王正始元年（公元240年），魏国使团首次赴日"访倭王"。魏国与日本建立交往的动机之一，据说是为了牵制吴国，因其误认为日本的地理位置"当在会稽、东冶之东"。（《魏志·倭人传》）在早期的航海能力限制下，中方对日本的情况有所误识是自然的，因此，虽然日本名义上被纳入了中国的册封体制（彼时日本仍处于分裂状态），但双方交往并不算密切。到了南朝的刘宋时期，初步完成政治统一的日本第一次提出了请求领百济、新罗的大将军称号，这是日本对朝鲜半岛表露野心的肇始，值得注意。刘宋对此的回应是拒绝，可显然并无了解日本形势变化的兴趣。《梁书》中称："东夷之国，朝鲜为大。"这表明在中国的册封体系中，日本的重要性不如朝鲜，而其试图染指朝鲜半岛的企图是不被允许的。此后的几百年间，中国人对日本的认识基本上属于停滞状态，史籍中虽保留了《倭人传》的条目，内容却不脱《魏志·倭人传》之巢窠。

中日双方的交往，在隋唐时期达到了第一个高潮：日本十八次派出遣唐使，唐朝使臣亦八次渡日。然而，王贞平在《汉唐中日关系论》中指出，中国历代朝廷"从未区别对待五世纪之前的各倭部落和实现了政治统一之后的日本"。他表示,隋文帝开皇二十年(600年)日使访华,却未像过去一样向隋文帝要求封号,"此举是一个重要的外交信号:中日间的君臣关系已经动摇,日本已不再视自己为中国的属国"。这标志着中日关系进入了一个新的时代。

不过,取代短命的隋王朝的唐王朝,在对日关系上的表现非常令人奇怪。白江口之役是中日第一次交兵,唐军大败日军。经过此战,日本对朝鲜半岛的窥觑野心和不甘心纳入中国主导的册封体制的桀骜都已显露无遗,可唐廷却并未深入追究。无论是《旧唐书》或《新唐书》,对白江口之役均只字不提,只在指挥该役的《刘仁轨传》内寥寥述及。相反,唐廷还给予交过手的"抗敌之国"的日本使团以很高的尊重。唐玄宗天宝十二年(753年),日本来使因不满地位低于新罗使臣,在唐廷发生争长事件。尽管关于此事件的真实状况有所争议,但日本使臣在仪式上的排序的确位列诸多外国之前(西列第二,吐蕃之后)。唐玄宗曾称日本为"君子国",日本在唐人的记述中"人民丰乐,礼义敦行",其采用"汉制"也多受褒扬。可事实上,日本此时已经大体确立了"日本中心论"的翻版"夷夏"观念,在内部文书中,甚至有把"唐国"称为"夷狄"的律令,并以朝鲜为"近藩",唐为"远藩"。不难想象,这种态度的真相若是被唐廷知悉,必定会勃然大怒。然而,唐廷似乎对此浑然未觉,非但不计前嫌,还一任日本遣唐使自由来去,汲取中土的文化精华壮大自身。

唐朝的"宽大"缘由何在?是"天可汗"的虚荣心过剩导致只

求日本来使营造"四夷宾服"的假象自满呢，还是单纯的马虎粗疏，无暇也无意去了解日本的实际情况？依照史料分析，两者成分皆有，而不管哪一种，都正如石晓军《中日两国相互认识的变迁》书中所言，表明了"唐人对日本的漠视"。

唐朝曾数度派遣使臣赴日，但这些使臣们看来并未打探到有关日本的真相。在日方史料中，竟然还有唐使离日前向天皇辞别说"臣等多幸，得谒天阙"的有辱国格的记载（唐代宗大历十四年，779年，孙进兴出使）。虽然我们可以怀疑这些描述可能是日方的吹嘘，但唐朝使臣没有识破并揭露日本的帝国梦想是肯定的。这些使臣为何在回国后隐瞒了所见所闻，其原因可能有二。一是把出使海路遥远的日本当做一个不怎么重要、纯属走形式可又有风险的差事，所以宁可"入乡随俗"，如王贞平所说的裴世清在见到天皇时"按日本习俗行礼似乎很不得当"，但不过是"灵活应变"；二是日本方面也采取了一些迷惑性的手段，避免把局面弄僵，不直接对唐构成公开挑战。如孙进兴访日，日方大臣也有人提出不要自称天皇，虽受到广泛反对，但天皇还是降座接受国书。日方的"华夷论"者为之慨叹："然遂降御座，呜呼痛哉！"（关于唐使团访日的记述，参见王贞平《汉唐中日关系论》）

王贞平还在书中细致分析了中日两国往来的外交文书，提出日本在文书中利用日语的音读训读区别，有效地做到了不失自尊地保持与唐国的对等，甚至高等地位。如"天皇"在文书中以日文训读法写做"须明乐美御德"，掩盖了"天皇"的真实含义。唐玄宗开元二十三年（735年），唐著名宰相张九龄起草的给日本的国书开头称"敕日本国王主明乐美御德"，"敕"是对臣属的用语，"主明乐美御德"则明显是把它当做了"日本国王"的名字。同样的语言，用两种读法表达，在直书"日出处天子"容易惹麻烦的形势下，是一个称得上狡猾的主意。但王贞平认为，归根结底，造成这种现象的根源在于处理中日关系的隋唐官员"对日本文化一知半解，且误信传闻，以为中日同种同文"。他们以中国人的心态出发，只满足于维护形式上的虚荣心，却不知日本的真实信息已被忽视歪曲。

交往多了，马脚难免会泄露出来。《旧唐书》就记称日本来使"其人入朝者，多自矜大，不以实对"，可是，唐政府上下都没有把这个"属国"放在心上。这是中国人的日本观的一个异常不智的开始。事实上，中国人的大意实在是过分了，就在这部完成于五代的《旧唐书》中，居然出现了《倭国传》和《日本传》并列的荒唐现象。两篇文章的篇幅合起来不过数百字，对于倭国与日本究竟是什么关系也描述不清。

唐昭宗乾宁元年（894年），日本宇多天皇诏令废止遣唐使，唐朝亦久困于内忧外患，随后的五代十国更是天下大乱，中日关系再次进入沉寂阶段。直到宋代，两国官方正式交往仍然不多。民间贸易和僧侣交流虽比以往有所发展，但单纯追求利润的沿海商贾与旨在传播宗教思想的出家人，并不能根本改善中国对日本不甚了了的基本状况。

蒙古帝国的兴起改变了东亚的政治格局，日本亦成为他们的征服目标，可元军两次渡海进攻相继受挫。这里要指出的是，若是对日本的自然环境、地理特点、国内守备等情报有更多的认识，元军当不至于一败再败，至少应注意到登陆地和作战日期的选择。当然，南宋和高丽的降军、仆从军战意低下，也是不可忽视的因素。

元朝中日关系的特点是官方往来断绝，民间商贸继增，特别是随着航海技术的提高和经济的发展，形成了一些专以海上贸易牟利的商团，在两国都有利益，俨然成了"中日合资跨国公司"。一旦受到任何威胁或阻碍，商团就可能蜕变成武装势力，这就是所谓"倭寇"的起源。

二

进入明朝，明太祖朱元璋为了彻底打击张士诚、方国珍等割据力量的残余，更为实现一个农业帝国理想中的"长治久安"，很快推出了海禁政策。同时，朱元璋以驱逐胡虏、匡扶华夏自居，也决心重建以中国为轴心的"华夷"国际秩序。这两点，堪称对明代中日关系有决定性影响的基石。

和过去一样，朱元璋为首的明廷在关于日本的知识方面，几乎没有多大进展。朱元璋很草率地把日本列入了"不征之国"的第二位，而非需要谨慎戒备的潜在对手。尤其费解的是，因为日本涉嫌卷入丞相胡惟庸谋反案，朱元璋"怒日本特甚"，而且在《祖训》中亦指出日本"虽朝实诈"，但他并未有任何伐罪施威的意思，只是"决意绝之",即断绝与日本的往来。有人认为朱元璋的处理方式是受到了忽必烈两次征讨日本均告惨败的教训影响,但最重要的原因在他于洪武四年颁布的诏书中说得极其详尽明白。该诏书称:"海外蛮夷之国,有为患中国者,不可不讨;不为中国患者,不可辄自兴兵。古人有言,地广非久安之计,民劳乃易乱之源。如隋炀帝妄兴师旅,征讨琉球,杀害夷人,焚其宫室,俘虏男女数千人。得其地,不足以供给,得其民,不足以使令。徒慕虚名,自弊中土,载诸史册为后世讥。朕以诸蛮夷小国,阻山越海,僻在一隅,彼不为中国患者,朕决不伐之。惟西北胡戎,世为中国患,不可不谨备之耳。"(《明太祖实录》)

诏书表明,贫苦农民出身的朱元璋无疑不具备海权意识,对外向扩张的帝国政策持否定态度,其战略思想是以防御性的"谨备"为主,重点放在北方内陆。基于这种立场,即使倭寇已经祸乱沿海,日本又并不规矩,他的对策也仅仅是强调"专以防海为务"。

洪武朝的中日关系断绝二十余年后,在明成祖时期实现恢复。巧合的是,在热衷于展示海上力量的永乐帝执政期间,日本的南北朝局面出现变化,喜慕中国文化的足利义满将军当政。这位因动画片《聪明的一休》而被不少中国人熟悉的将军,对明帝国怀有罕见的恭敬,主动称臣纳贡(有史家指出他的动机在于意图取天皇而代之,故需要明帝国的支持)。他还应成祖要求消灭本国的海盗,其使臣将献给明廷的二十名海盗头目悉数蒸杀于宁波。不过,足利义满的"亲华"是个人性的特例,为期也非常短暂,他在永乐六年(1408

年)去世后,其子足利义持政权在永乐九年(1411年)便停止了朝贡。而对于此际日本政局的变幻,从南北朝到室町幕府再到后来的战国争雄,明帝国可谓一无所知。明朝对于日本的了解,从永乐四年(1406年)侍郎俞士吉出使日本,并在日本立下的"御制碑文"可见一斑。该文云:"日本有国钜海东……语言文字皆顺从,善俗殊异羯与戎……"(沈德符《万历野获编》)明成祖封义满为日本国王的举动更显示出中方完全不清楚日本的政体,对天皇与将军的区别缺乏基本掌握。

明宣德七年(1432年),足利义教恢复朝贡,但日本使团访华引起的麻烦不断,成为明朝外国来使中最特殊的现象。而明朝的对应竟然尤甚于唐朝,几乎是莫名其妙的无原则的宽疏纵容,乃至迹近怯懦。明朝对日本贡使的人数、货物数量以及不得携带武器等均有规定,但日方多不遵守。景泰四年(1453年),日本使团在临清抢劫,殴伤地方官员,景泰帝却以勿"失远人心"为由放过了他们。(《明史·日本传》)成化四年(1468年),日本使团成员在北京杀人,成化帝仍拒绝了官员的逮捕凶手要求,只勒令日方赔偿白银十两,以显示天朝上国的宽宏大量。弘治九年(1496年),日本使团成员又在济宁持刀杀人,明朝的处理办法是将其上京人数削减到五十人。在此期间,日本使团还经常以漫天要价、以次充好等伎俩试图占尽明朝的便宜,有时还以"失我国主之心"公开勒索、恫吓。就性质而言,这一时期的日本使团入贡动机完全是为了牟取暴利,而且不同的藩都力图涉足,终于导致了宁波争贡的恶性暴力事件的发生。

嘉靖二年（1523年），宁波争贡事件之后，给事中张翀上疏称日本"窥伺中土，得间则张其戎器，以劫杀为事；不得间则陈其方物，以朝贡为辞。劫杀则利民财，朝贡则利国赐，兼有得不得，而利无不在，此倭奴之大情也"。应该说，张翀这里所说的正是日本所谓"朝贡"的真实面貌，并且也指出了日本自隋唐以来始终秉持的对华政策基本特点，那就是"不以实对"兼"叛服不常"，特点背后的原则则是利用中方的弱点耍尽各种手段攫取利益。遗憾的是，张翀尽管看破了日本的假面，他提出的解决办法也不过是"绝约闭关，永断其朝贡之途"。（《明经世文编》）

像张翀这样的官员应算作明眼人，可惜人寡声微。明朝对日本的形势仍旧没有求知的兴趣，但张翀所说的日本"窥伺中土"野心很快变成了现实。万历援朝战争是中日再一次交手，明廷对日本的无知完全暴露了。兵部尚书石星不知两国的既往关系，也不清楚"关白"为何物，竟然幻想日本兴师侵略是为了获得中国册封。最贻笑天下的是，石星起用吹牛曾游历日本、认识丰臣秀吉的江湖骗子沈惟敬，结果此人"支吾中国，奉承日本"，闹出了自购珍玩假冒丰臣秀吉致明廷国礼的丑剧。堂堂大明帝国，以口若悬河的骗子从事外交折冲，堪称奇耻。

万历年间，明帝国实力已衰，"三大征"虽然都艰难获胜，但消耗国力糜巨。在挫败日军侵朝之后，明朝认为日本"图逞之志未尝一日忘"，"与其过而信之，不如过而防之"。（《明神宗实录》）明朝没有穷追猛打、犁庭扫穴的雄心，一方面是援朝战争"费饷六七百万",经济负担沉重,另一方面,最主要的是这种进攻性战略根本不符传统农业帝国的性格。明帝国此际对日本的态度不过是通过使者带话:"传与家康,务要专心学好,不可阳与朝鲜讲和,阴怀异图",天朝有水陆劲卒百余万,"以待你国动静"。(《朝鲜宣祖实录》)

这般言语警告的作用当然是有限的,因为日本当时对华政策的追求已经不再是简单的文化学习或经济获利,它开始试图挑战以明为核心的东亚政治体系,挑战中国主导的华夷秩序。万历四十年(1612年),浙江总兵杨崇业上报,日本"以三千人入琉球,执中山王,迁其宗器"。(《明神宗实录》)琉球与朝鲜一样,同是中国华夷秩序下的藩属,日本的侵略朝鲜、琉球显然是欲取中国而代之。但是,中方的反应也仅仅是停留在"倭不可不备"的口头表达层面上。究其原因,明朝高层尽管看到了日本对华夷秩序的现实威胁,但未曾认清日本的真正战略理想,而仅仅把它看作华夷秩序中一个不时犯混、不太听话的边缘性角色或"不完全成员",对它的处理仍要以防备为主,以羁縻为辅。如果大张旗鼓地讨伐之,一来跨海远征浪费人力财力,未必能得到什么现实收获,一旦失败还颜面扫地;二来违背中国"修文德以服人"的对外政策传统指导准则,显得"堂堂天朝"黩武狭隘。

那么,仍旧是东亚最庞大的帝国,明朝在对日关系中为何表现得如此难以理解的保守甚至变态呢?首先,我们要从所谓的朝贡体制寻找原因。虽然关于该体系的起点,学者们意见并不统一,但可以肯定的是，朝贡体制的理论与实践自有其漫长的发展过程，并与中国国内与周边形势的变化密切相关。由于朱元璋"比以往的任何朝代，更彻底地推行朝贡体制和贡舶贸易"（曹永和《明洪武朝的中琉关系》），因此在明朝前中期，朝贡体制达到了理论上高度完备、同时实践上也高度僵化的阶段，这种状态到晚明出现了巨大裂痕，进入清朝则再度得到一定程度的恢复。

朝贡体制的本质，与其说是外交政策或贸易手段，不如说是一种文化和政治信念。如费正清所说，皇帝奉天承运统治天下，"如果四周远人不承认他的统治，他又怎能令中国百姓臣服呢？在中国，权威是一项十分重要的统治工具，而朝贡能产生权威"。（费正清《朝贡贸易与中西关系》）也就是说，万邦来贺、四夷宾服的盛况，是对皇帝统治权之合法性的有力证明，绝非仅用虚荣心膨胀所能解释。明朝在对外交往上最积极进取的永乐帝，是一个最好的例子，因为异域众国的纷纷来朝有助于营造"天命所归"的印象，缓解对他武力篡位的质疑。

既然朝贡的真正意义在于"藩属"究竟来还是不来，则其来朝的动机、目的、表现都是次要问题。只要日本肯来"朝贡"，明廷不惜听任日本使团为所欲为、嚣张放肆，也甘愿在经济上作出一而再再而三的让步（称之为"恩惠"）。同时，明廷对对方的真实情况也缺乏了解的意欲，即便明知其居心不良也不愿深入追究。所以，这种一切为了渲染"德被远人"表象的做法，不仅是中国畸形"面子"文化的充分暴露，更有政治和文化理念上的深层背景。

在今天的很多中国人看来，册封与朝贡的体制足以印证历史的光荣，并昭示中国曾长久占据古代东方政治格局里当仁不让的支配地位，这是对概念与现实有意无意的混淆。现实中，中国的册封与朝贡体制在大多数时间内只是一种主观愿望，尤其是面对北方强大游牧民族的威胁之时，和亲、岁币乃至称臣的选择都并不稀奇。仅仅指责明朝在中日关系上的自欺欺人是不公平的，正如余英时在《剑桥中国秦汉史》中所指出："对于汉朝来说，西域贡赋的重要性主要是作为一种政治归顺的象征，而不是它的实在价值。另一方面，对于西方诸国来说，贡纳就是贸易的官方托辞。"距离长安超过五千公里的西域古国粟特"从未对汉朝的权威表示过应有的尊敬"，却坚持参加贡纳体制，"唯一的目的是为了贸易"。这种贸易的特点是中方往往在实利上亏本，但帝国的政治理论和荣誉感又不容轻抛，于是便如毛轸 119 年所奏"西域络绎遣使，求索无厌。与之则费难供，不与则失其心"。最可悲的是，即便是亏本生意，也从未换来边境的和平，那些"番邦"一有机会就会以武力赤裸裸地掠夺侵扰。而每当此时，"闭玉门"的论调就会被提出，这与明代的"绝约闭关"异曲同工。

对于朝贡体制这个"政治神话"（苏联学者 L.Perelomov 和 A.Martynov 在《霸权的华夏帝国》中称之为"政治怪物"）本质的尖锐剖析，在当代中国仍做得远远不够，特别是在近现代屈辱史的对照下，古代的"辉煌"更易被人工修饰放大填补自卑感，这也成为阻碍中国人理解并适应现代国际关系的不利因素。

回到古代中日关系的问题，从两国交往之始，中国就单方面地把日本纳入了自我为中心的册封与朝贡体系，必须注意，这种立场是"单方面的"；与朝鲜、琉球等国家不同，基本统一后的日本并未心甘情愿地将自己定位于这个体系，相反，它吸收中国的"夷夏"观念后，反而试图建立一个以日本为核心的国际体系。为了避免和强盛期的中国发生直接冲突，在那些时段，日本一般会采取虚与委蛇的两面策略，政治上满足中方的"面子"，捞取现实的经济、文化利益。如前所述，甚至连日语的音读、训读两种发音也在遮蔽其真实意图的方面起到了有效的作用。

总之，有明一朝，羽翼渐丰的日本实质上已经初现在东亚欲与中国分庭抗礼的积极意向和作为，丰臣秀吉在《答朝鲜国王书》中更提出要"直入于明，使其四百州尽化我俗，以施王政于亿万斯年"。只是明帝国出于种种原因，对此保持了一贯的懵然和无视，其对日政策大体可以概括为："是彼有资于我，而我无资于彼。忠顺则礼之，悖逆则拒之，不易之道也。"（李言恭、郝杰《日本考》）

三

进入清朝，中日两国内外形势都发生了重大变化。总体来说，由于江户幕府奉行锁国政策，清朝亦在后来实行海禁，双方的接触远没有明朝密切。历史教授易惠莉认为："有清以来二百年间中日两国政府关系隔绝，除维持对双方均有需求的长崎贸易外，两国再

无任何政府和民间的交通渠道,从而日本成为清代中前期对外关系中唯一的例外。"(《清代中前期的对日关系认识》)

和明相比,清的日本认识最大的转变是跳出了朝贡体系的圈子,即承认"日本于中国是在朝贡体制外的特殊国家"。(易惠莉,同上)此前的元、明定国之初都曾向日本遣使,要求日本奉贡称臣,清则一直无此做法。

清朝马上得天下,对相对陌生的海洋事务,态度尤为保守闭塞,这不足为奇。另外,明郑势力覆灭后,清大力经略的是漠北、新疆和中亚内陆,锁国时代的日本亦未曾对其构成直接威胁,双方相安无事。唯一的潜在问题是琉球。萨摩藩在明季入侵琉球后,虽由德川家康将琉球国王送还,但琉球实已沦为萨摩操控的傀儡政权,仅在名义上仍为清朝的藩属。1649 年,顺治帝遣使往琉球,萨摩藩就清廷倘若提出剃发易服的要求如何对应询问江户,得到的回答是可以接受。为了蒙蔽清廷,以免惹火上身,萨摩采取了诸般欺诈手段:当清廷来使抵达,便暂时掩盖撤除萨摩在琉球的存在;萨摩驻琉球官员不干涉琉球政权的人事、祭祀等重要事务;颁布《对唐人应答手册》等书籍,要求琉球人在遭遇清人或漂流到清帝国时懂得遮掩应对,必要时可以把与日本有关的事物统统抛弃……(刘晓峰《琉球,一八七五》)这些做法的动机,就是为了避免侵略琉球的实情曝光,导致和清正面冲突。在明清时期的中日交往中,以萨摩为代表的九州强藩是非常重要的角色。江户幕府虽然锁国,但萨摩能通过隐秘控制东亚海上贸易的枢纽琉球,继续从中获利。

不过，与明一样的是，清亦对日本没有多少认真了解的愿望。很难想象，清会对萨摩在琉球的作为一无所知，只是仍采取了一种近乎自欺的立场。然而，假如说明朝的对日态度是受缚于"华夷秩序"和"朝贡体制"的主观想象，那么，清朝的态度可能恰恰相反，即意识到了"华夷变态"的现实，已令中国丧失了传统的意识形态核心性和优越感的存在前提。

宋元交替以来，"华夷变态"观念对中日关系产生了极其重大的影响，但基于复杂的原因，这一问题直至当代中国也很难得到深刻而坦率的探讨。易惠莉在文中指出，清中前期的中国士大夫们一方面继承了对域外知识缺少追索兴趣的性格，另一方面，中国"由夏变夷"的现状使他们在面对抓住了这点痛处的日本时，往往会感到别有一番难堪的滋味（葛兆光《清代中叶朝鲜、日本与中国的陌生感》），进而更加减弱了与日本打交道的意愿。易惠莉文提到的大儒朱彝尊便很有代表性。他不顾"日本职贡不修"的真相，仍把日本列为"属国"，而对日本史籍《吾妻镜》，更想当然地把"吾妻"理解为某个岛屿（迄1884年，文廷式才从来华的日本学者冈千仞处得知其指称关东地区的真实含义）。

中日官方的再次直接正式交涉，要等到1870年的日使柳原前光访华。在西方势力深深涉足东亚的新政治格局下，清如何来处理中日关系呢？曾国藩提出："彼国习闻前代故事，本无畏慑中土之心，又与我素称邻邦，迥非朝鲜、越南、琉球臣属之国可比。其自居邻敌比肩之礼，欲仿英法诸国之例，自在意中。"（《同治朝筹办夷务始末》)同样力主签约的李鸿章也认为日本向非中国属国,不奉正朔,与朝鲜、越南不同,因此应"羁縻之",还有与日本联络共御西方列强的想法。翌年,中日双方在天津签订《修好条约》,正式确立了对等的国家关系。这一事实表明,尽管中国仍视日本为小邦,但终于公开放弃了名义上视日本为藩属的想象,在西方国家带来的外交规则冲击下,(纵然是不情愿地)承认了日本是与中国地位同等的国家实体,中日关系也从此进入近代新阶段。(林明德《近代中日关系史》)

对日本与中国历史关系的判断,表明了曾国藩、李鸿章等人的务实观点。可是,以知洋务著称的他们并不清楚,日本国内此际已是"征韩论"甚嚣尘上,吉田松阴等还提出了"北割满洲,南据台湾",即将中国、朝鲜视为日本崛起的侵略掠夺对象的战略,最终成为日本的国策。

非但李鸿章寡闻,石晓军在《中日两国相互认识的变迁》书中描述了彼时清人对日本的认知,颇多好笑的案例。浙江陈其元在1874年写的《日本近事记》中称明治天皇还政是"篡国",更呼吁"选劲旅万人,径捣长崎,进逼倭都",帮助幕府恢复旧制。石晓军指出,陈其元痴人说梦般的狂言"真实地反映了当时中国知识界相当大一部分人的对日观念"。

接下来的二十余年内,日本一面改革自强,一面在出兵台湾、吞并琉球和介入朝鲜等事件上,处处挑战中国,特别是琉球置县与强迫朝鲜签约,树立霸权之意昭然若揭。但是,清朝方面依旧浑然不知日本国内日新月异的变化，对其处心积虑和实力增长不加在意，主流看法还满足于对"弹丸小国"的盲目轻蔑。在国际交往的实践中，清廷屡有将日本置于比西方列强低等地位的轻侮性做法，空洞的征日说竟也一度甚嚣尘上。到了甲午战前，中方由上至下，主战派群情汹汹，大有灭此朝食、夷平东京的骄狂。结果，这种骄狂很快就被海陆战场的全线惨败证明了是何等的虚妄。

在清代，对日本具有确实了解的中国人并非没有。易惠莉提及早在康熙年间，名不见经传的下级官员郁永河就在所著《海上纪略》中写道："日本即古倭夷，于海外为莫强之国，恃强不通朝贡，且目中华为小邦，彼则坐受诸国朝贡，夜郎自大，由来久矣。"他对日本的政治体制、社会习俗都有远远超出同时代人的见识，遗憾的是，这样的人和著作都只有籍籍无名的命运。清朝注意到日本的第一位清醒者是曾任驻日使馆官员的黄遵宪，他完成于光绪十三年（1887年）的《日本国志》是中国历史上第一部真正称得上有价值的日本研究专著，然而，此书的出版却拖到了清被迫割地赔款的光绪二十一年（1895年）。

甲午战败后，清人对日本的看法一下子发生了重大转变：东瀛岛国一跃成了足为样板的"老师"。殊不知中日两国本质迥异，原不能简单地照猫画虎。从1898年至1911年间，至少有2.5万名中国学生赴日本留学，马里乌斯·詹森认为这是"世界历史上第一次以现代化为定向的真正大规模的知识分子移民潮"。（《日本与中国：从战争到和平1894—1972》）可是，有证据表明，"中国留日学生的总体水平低得可怜"(任达《新政革命与日本》),学问较深的专业人才"百无一二"。后来曾任司法院长的同盟会元老居正是法政大学法政速成科毕业生,但据说他的日语水平不敢恭维,反不如曾陪伴他在日生活的妻子。唐德刚在《晚清七十年》中特意挖苦了这些连日语都不会的中国留日学生们。留日学生的水准低下原因复杂,但和其庞大人数相比,尤显问题之突出。美国学者任达指出,这种蜂拥留学日本的现象背后,暗示着把日本当做"垫脚石","使用后便遭抛弃"的理念,而"这种态度对近代中日关系牵连极大"。他认为中国人从内心深处是"傲慢的和麻木不仁的,说明了并未把日本以其本身资格作为一个国家,或作为一种文化而表示兴趣或适当评价"。中国的这种态度"一直为两国关系蒙上一层阴影"。在那些年的十余万留日学生中,能够达到在民族性格、文化深层结构的层面上剖析阐述日本的,恐怕只有戴季陶一人。东渡者虽众,但用戴季陶的话讲,实利主义和自大思想这两大害,使他们不曾"切切实实地下一个研究日本的功夫"。他特别提到描写了日本社会生活的平江不肖生的《留东外史》,指出即使是对日本社会黑暗面的观察亦"肤浅而错误",而中国人对日本社会的"观察错误和判断错误是很普遍的"。

另一方面,甲午之战意味着东北亚的国际政治格局发生了根本性变化,日本开始成为中国一个无法躲避的利益觊觎者,而中日关系也逐渐变为中国外交关系中最重要最复杂的部分。留日的陈天华在《绝命书》中写道:"今日而欲与日本同盟,是欲作朝鲜也;居今日而欲与日本相离,是欲亡东亚也。"但是,与其说如何处理对日关系让中国人感到迷惑,还不如说是中国人对自己国家前景的懵然。

光绪二十三年(1897年),日军神尾大佐率代表团访华,拜会湖广总督张之洞。神尾对张称甲午战争"彼此俱误",而在"西洋白人日炽"的形势下,中日两国"同种、同文、同教",应该加强联络。(《张文襄公全集》)神尾的说辞带有明显的哄骗色彩,其意在于为在华继续扩张殖民权益营造遮掩的幌子。可是,此等谎言竟为张之洞所相信。一代名臣这般天真,实在可笑,究其缘由应当还是对日本的无知。任达在《新政革命与日本》中提及,张在给总理衙门的报告中"仍蔑视日本为倭,将日语模糊地称为东文"。张之洞在轻蔑中夹杂推崇的复杂心态,可以视之为近现代以来中国人对日本的主流看法。这两种截然相反的盲目情绪混合一处,结果是无论轻蔑或推崇都全无理智可言。但张之洞的幼稚非其个人特例,清季很多中国人都相信所谓"黄白种争"之论,并因此抱有中日合作的幻想。章太炎在1897年的《论亚洲宜自为唇齿》里,称中国可以依赖的国家唯有日本,甚至连日本挑起甲午战争也被视为俄国压力下迫不得已的"自救"。此类观点一度颇为流行,上海《申报》刊登于1899年的一篇评论,还鼓吹与日本结盟,而日本未尝不为发动侵华战争感到忏悔,所以一定会接受中国的建议。(伍国《亚细亚的孤独者:十九世纪末的中国自我认同》)以上诸般与虎谋皮的愚蠢观点,已经濒临滑稽的地步。但这种荒唐幻想的流毒很长,罗志田在《近代中国民族主义的特殊表现形式》一文中以后来胡适的心路历程为例，点破了此一观点的可笑：日本人虽也主张"黄白种争"，却只是利用它来"为其征服中国正名"，因败弱的中国要在"黄白种争"中服从日本的领导。

"一战"爆发之后，以"二十一条"事件为标志，中日关系彻底结束了表面上较为和缓的时期，转而不断恶化。日本加强了对华的打压和干涉，而中国人对日本的反感仇恨则与日俱增。不过，对于凡和日本沾边便一味排斥反对的做法，戴季陶称之为"智识上的义和团"。这种情绪化的极端趋势，和日方互为促动，最终令两国关系陷入恶性循环的境地，不可避免地走向了战争。（柯博文《走向"最后关头"：中国民族国家构建中的日本因素（1931—1937）》）

戴季陶的那本《日本论》，至今仍堪称研究日本的佳作，也得到了日本学界的重视好评。可问世八十年来，中国人的类似著作尚未有与之媲美或超越者，更加凸显了中国对日本的误解、无知是何等根深蒂固。2005 年，抗战胜利六十周年，国内某媒体发行了纪念特刊，其开篇社论的第一句就是"日本在一千多年来属于中国的朝贡体系"，论者显然不具备对日本历史的基本掌握，却满怀民族主义的亢奋。此等谬论堂皇刊载于影响力甚巨的主流传媒，给受众带来的误导可想而知。

美国历史学家柯文在《在传统与现代性之间：王韬与晚清改革》中，以最早直面西方的"新人"之一的王韬为例，指出他对日本自相矛盾的变化观点，时而赞美时而痛斥的反复，来自于中国人

"一种赞赏、妒忌和鄙视等混在一起的复杂感情",便产生了"既爱又恨的深刻矛盾感"。而究其原因,易惠莉对清士人在东北亚国际关系实情面前的精神状态的评语,仍旧是极为恰当的:"不能坦然面对"。这个评判一直到现在,还能普遍适用于中国人的对日看法,特别是在经历了残酷的八年战争之后,在中华人民共和国建政后二十多年的外交隔绝之后,在今天自诩国力日渐强盛的社会氛围之下,"坦然面对"似乎愈发困难了。

四

日本人看中国的情形,则刚好和中国看日本相左。若说中国看日本如同只见粗略的树干影子,不在意它长出了何等样的枝叶;那么日本看中国就是盯住了细枝末节,全力钻入牛角尖,却总也找不到合适的概括与结论。这里要注意两点,一是中国疆域之广袤,社会之繁杂,令日本人容易陷入细节的汪洋大海;二是中国历史绵长悠远,进入近代以来变动剧烈,使得日本人常常在昔日与当下的中国之间不知所以。

从唐代起,日本就极其在意搜集中国的各方面资料,巨细无遗的程度简直比中国人自己还要用心。唐人记载日本留学生回国,多是倾囊买书;遣唐使更是广泛着手,力求将唐朝各个领域的最新情报迅速反馈日本加以效仿。石晓军的《中日两国相互认识的变迁》对此有详尽的介绍,并且总结出日本对唐观察的最大特点莫过于"细致"。日本中国史巨擘内藤湖南《中国史通论》里屡屡提到,某朝代某典籍"在今日的中国已经失传,但我国仍有保存",这从另一个角度说明了日本对中国资讯的博收广揽。江户时代的著名学者藤原惺窝主张:"异朝(中国)之事,诸事宜知。"在锁国的大背景下,虽然只有长崎作为中日贸易往来的唯一地点,但日方仍通过各种方式调查中国的政治、经济、文化信息,以"唐风说书"呈报幕府。故此,清浙江督抚李卫在呈雍正帝关于日本的奏折中称:"夷人每事访求天朝故实新闻,诸样书籍无所不有",还聘用具有法律、军事等专业知识的中国士人。

这种重视中国情报的传统在日本由来已久,就造成李卫所说的"伊要得内地之信颇易,而中国欲知其的耗实难"。黄遵宪后来在《日本国志》的自序中说:"昔契丹国主有言,我于宋国之事纤悉皆知,而宋人视我国事如隔十重云雾",用来形容日本和中国的相互讯息把握状况可以说非常恰当。

甲午战争之后,中国留学生大批赴日的同时,日本人来华的数量也急剧增加。特别是清末民初,日本人可以自由往来中国,无须签证审查,所以他们的履及之广、游历之久都远胜以往。今日的《中国国家地理》杂志讲到川西雪山,亦承认中国现在出版的地图与实际地形不相匹配,而日本人在二十世纪二十年代画的地图竟画得丝毫不错。有关抗战的中方史料中也可见到中国军人的感慨:日军侵华期间的军用地图,往往比中国军队所用地图更加详准。近年,中国发生多起日本人来华非法测绘的案件,可见其传统之一脉相承。

戴季陶在《日本论》开篇曾说道:"你们试跑到日本书店里去看,日本所做关于中国的书籍有多少?哲学、文学、艺术、政治、经济、社会、地理、历史各种方面,分门别类的,有几千种。每一个月杂志上所登载讲中国问题的文章,有几百篇。参谋部、陆军省、海军军令部、海军省、农商务省、外务省、各团体、各公司,派来中国长住调查或是旅行视察的人员,每年有几千个。单是近年出版的丛书,每册在五百页以上,每部在十册以上的,总有好几种,一千页以上的大著,也有百余卷。中国这个题目,日本人也不晓得放在解剖台上,解剖了几千百次,装在试验管里化验了几千百次。"这种"中国主题"的热闹于今亦然,然而,戴季陶所说的数量,似乎并没有造就相等的质量。对中国细节情况的大量掌握,非但并未有助于日本对变迁中的中国有深切完整的认识,反倒常常衍生了危险的误解。1862年,高杉晋作等日本武士受命前往上海,是为明清交替以来的首次正式访华。高杉等人写了不少旅行见闻,记录相当详细。此后,一些来华的日本人也写有类似的游记、报道。他们的共同特点是围绕中国的负面现象落笔,举凡军队的羸弱、市面的脏乱、经济的凋敝和民众在西方人欺凌下的怯懦,都得到了充分的展现。他们所写固然是中国混乱的现实,但被大量的阴暗细节占据了视野,更由此得出小觑中国的结论,未免为日后日本人的中国认知开启了一个不怎么样的篇头。

在此,我们有必要提及研究毛泽东而闻名的日本学者竹内实。竹内实发现,在日本作家以中国题材进行文学创作的领域内,有一个奇怪的现象："作者越是想掌握中国社会的内存机制,越是收集细节的事实,其作品却越是概念化,人物也越发生动不起来。这使人怀疑,他们是否确实了解中国民众的生活。"这种被细节扭曲、自以为了然洞悉实则谬误千里的心态,在国家政策层面引起的错误后果要严重得多。

日本人的细节迷思,加重了他们对中国正在发生的巨大本质变化的盲目。而拙于应变的毛病,本来便是日本人对华错误认识的又一个致命痼疾。

竹内实认识到了此节。他提到日本文豪夏目漱石很喜欢《大铁椎传》,访华时曾去辽宁的汤岗子温泉,时值夜晚,夏目不禁念起"时鸡鸣月落,星光照旷野"的一段话;而另一位日本作家小林秀雄参加了侵华战争,他写道:"在中部支那刚刚打完仗的地方,我望着成千上万的难民,禁不住自问:自己了解那些人吗?而那时我为自己感到惊讶,因为我只能想到例如在学生时代学到的《诗经·桑柔》里那样的句子。"从这些例子,竹内实认为一方面可以看出中国的经典"已经如何扎根于日本人的生活之中";另一方面也清楚表明了日本人在古典的、理论的中国和当前的、现实的中国之间是如何的难于把握。

以"万世一系"自傲的日本,在相当长的时期内根本无视中国的现代化历程,要知道那是一场空前深刻、广泛、剧烈的变革。日本人面对这一进程正在进行时的中国,不断地陷入以旧眼光、老看法来生搬硬套新事物的困窘。

在对华认知的僵化偏执方面，驻华日军（以陆军为主）是一个非常值得重视研究的对象。他们人数不少，分处中国要地，尤其是对日本国内的政策、舆论有强大的影响力。然而，他们几乎无人认识到中国正在经历的变革与其意义。前面述及的神尾大佐，与日后主管中国留学生在日军事教育的福岛大佐，在任达的著作中都被称为"支那通"，这个称号也属于此后的土肥原等日本军人，可他们"通"在何处？他们有的曾在中国长期居留，结识诸多中国军政要人，但这究竟是否就算得上了解中国了呢？不妨举一个例子。臼井胜美教授在《日中外交史：北伐时代》中提到当时的关东军参谋长齐藤恒少将"是日本陆军中驰名的中国通"。这位"中国通"在1927年初写了一篇表达他对中日关系基本看法的文件，说道："处身变幻出没、离合聚散，不可捉摸的中国政局，不罗列虚构的议论和无从实行的美丽辞句，而应以建国以来日本帝国的神道亦即以八弘一宇、恢宏天业为宗旨……为确立如何使中国均沾王化的具体方案，必要时当干涉其内政，并以强大的武力为背景，举凡妨害天业者应为铲除，断然向王道迈进。"

1927年是中日关系朝向恶化发展的转折时期，像齐藤恒这样的"中国通"军人，是最重要的幕后推手。从他的以上言论，不难看出他的"以不变应万变"是何等荒诞。他看到了中国的变化，但固执坚信一切在皇军武力威压下不值一哂，实为对此变化本质的无知。齐藤恒之流绝非个案。天津驻屯军参谋长酒井隆写道："支那是一个社会，不是一个国家，或者说是一个土匪的国家更恰当。"另一位对日本战略决策有过重大影响的关东军参谋石原莞尔在《满蒙问题之我见》中则称:"支那人果然能建设近代国家吗?对此颇有怀疑。我深信,在我国维持治安之下,谋求汉民族之自然发展,方可为彼等带来幸福。"(读卖新闻社《检证战争责任》)

参照西方现代民族国家的模式,中国是社会而非国家的看法,在讨论西风东渐之前的传统中国状态时自然有其价值。但自清末起,中国民族主义思潮日益兴起,也不断推动着朝向民族国家的转型。对此,日本军人们的态度是蔑视和漠视。五四之后,中国民族主义浪潮进入新的高涨阶段,与日本在华利益发生愈发严重的直接冲突,驻华日军也变成一个对中国的"反日"浪潮最为敏感的群体。他们很容易看到无数足以证明中国羸弱但反日的细节,却从不看到这些细节是日本对华暴力对抗政策的结果而非原因,也从不看到中国在变动背后蕴藏的民族主义运动的巨大能量。此二因素交织,令他们的反应迅速滑向非理性泥沼。

1935年5月,日本驻华公使馆武官在给参谋本部的电文中称,中国致力于改善中日关系的努力"仅仅是为了回避内外形势特别是日本的压迫,而毫未反省其昔日反噬日本之非",并得出"没有任何材料可以证明其改变了政策"的结论。此前的年初,蒋介石以徐道邻的名义发表《敌乎?友乎?》一文,已经全面阐述了国民政府希望缓和双边关系,但不能无原则退让的对日政策。而驻华日本军人的看法,从中国存在"反日"政策的前提,到其"日渐增长"的结论,完全没有准确度。同年9月,华北驻屯军司令多田骏发表《日本对华之基础观念》，称国民政府"仍不停止暗地里的反日工作"，甚至妄言蒋介石会与苏联"结合"，"妨害帝国政策"。《检证战争责任》一书专门提到了这些驻华日军的"支那通"们，直指他们既是侵略中国的"尖兵"，也是将日本导向战争之路的重要祸首。

　　针对这种对华偏激论断导致的政策失误，日本某些外交界人士在战后亦追悔不已。代表日本签订降书的前外相重光葵历任驻上海总领事、驻华公使和驻汪伪政权大使，在华外交经历相当完整。他在战后写就的回忆录《昭和之动乱》中指出，日本对华政策的最大错误，就是未能洞察到中国在"一战"后民族主义的觉醒，以及国际形势的变化，因此始终不曾改正短视操作与暴力胁迫的手法，最终铸成大错。另一位曾任外务省东亚局局长的外交官石射猪太郎主管过对华外交，他在战后写有《外交官的一生》一书，亦认为日本之所以发动侵华战争，是出自对中国彼时国内情势的错误判断，漠视中国的民族自觉、国力增长和国民政府的对日政策内涵。综合他们的观点，一言以蔽之：日本未能理解中国的"变"。

　　作为与之交锋的对手，李宗仁在回忆录中有专门章节论述日本侵华战争的战略失败。他指出，日本之所以扩大战端，企图征服中国，乃是由于错觉。这错觉既包括对中国贫弱的小觑印象，也包括对满、蒙异族成功入主并统治中国的"经验"熟知，却全不顾及中国的情形已经发生了本质性变化，固有陈见并不适用。李宗仁所说日本军方以逐次增兵的"兵家大忌"方式投入中国战场，最后泥足深陷，就是在错觉之下的拙劣招数。

五

过度沉湎细节,不能与时俱进,这可以看作日本人在错看中国上的"技术性"因素。如果要进一步从立场上分析,则必须指出之所以如此的一个重要根源:日本人的"华夷"观念。

关于日本人对中国的看法,伊藤一彦在《战后日本对中国印象的变迁》中指出,明治维新以前或可称为"敬仰期",此后至"二战"则为"轻侮期"。但是他发现,即便在"敬仰期"内,也产生了极力否定中国文化影响的国粹主义观念,而在"轻侮期"里,"对中国古典热烈的崇拜"依旧存在。这个现象的根源,还是要到"华夷"观念上去寻求答案。前面已经谈到日本在对唐交往中的"华夷"观念的滥觞,事实上,在东亚引进西方的民族国家观念之前,国族认同基本上是以"华夷之辨"的形式存在的。对于中国,日本"华夷论"的极端会指其为"夷",温和者虽承认中国也算"华",但对日本不像中国频有"华夷变态"的危险而骄傲。中国的两宋时期,先是与"夷狄"的辽称兄弟,再向金称臣,最后为元所灭,在日本人看来就是一系列的"华夷变态"。只有从这个角度出发,才能理解在日本对华态度的表象性变化背后,一以贯之的正是逐渐强化也愈发僵化的日本中心的"华夷"观。

《明诗综》中,录有日本使节答里麻的《答大明皇帝问日本风俗诗》一诗,很有趣也值得分析。该诗云:

国比中原国，人同上古人。衣冠唐制度，礼乐汉君臣。
银瓮篘清酒，金刀脍紫鳞。年年二三月，桃李自阳春。

这首诗再清楚不过地表明了日本对自己才是"华"文明保有者的自信。然而，洪武帝本来就以驱逐鞑虏、恢复中华为口号，日使的这番表白当然会令他"恶其不恭，绝其贡献，示欲征之意"。（梁章钜《浪迹丛谈》。但洪武帝欲征日的说法或言过其实，参见前述。）以此观之，日本以自我为中心的华夷观念已经非常顽固，竟至不顾明帝国截然不同于蒙元政权的汉人王朝性质。

明清陵替，对日本的"华夷"观念有进一步的推动作用（不能忽略流亡日本的明移民朱舜水等人的影响）。学者山鹿素行的思想变化是一个比较典型的例子。他早年推崇中国文化，称"汉土之所以称中国，是居天地之中"，中国"圣人君子世兴，仁义忠孝之说行"。但在四十三岁那年，他突然来了个大转弯，对中国改持贬抑。那年是1665年，南明永历帝在两年前遇害，尽管台湾郑氏仍用其年号，但明朝已经彻底覆亡。山鹿素行的突变，应当不只是一个巧合。在批判中国的同时，他把日本称为"苇原中国"，并强调"人有华夷"，日本应是四夷来朝的"神国"。山鹿所代表的由"华夷"进而"神国"的观念，对日后的影响甚巨。（林庆元、杨齐福《"大东亚共荣圈"源流》）黄俊杰的《论中国经典中"中国"概念的涵义及其在近世日本与现代台湾的转化》中除了山鹿之外，还提到了浅见炯斋他提出"吾国知《春秋》之道，则吾国即主也"。中国由最初的地理性概念，变成了饱含文化优越象征意味的政治概念。黄文引用《战国策·赵策》一段关于"中国"的表述最为详尽："中国者，聪明睿智之所居也，万物财用之所聚也，圣贤之所教也，仁义之所施也……"依此逻辑，不论地理所在，一个确信自己"知《春秋》之道"的国家就可以自称中国。

西方势力插足远东之后，在西方民族国家理论的冲击下，东亚被迫作出转型的回应，而日本充分利用的固有思想资源之一就是传统的"华夷之辨"。尤其是在对中国、朝鲜的政策上，"华夷"观念得到了空前加强。这个"华夷"的概念摒弃了衣冠礼乐的传统内容，将它置换为"先进／落后""文明／蒙昧""理性／野蛮"的二元对立范式，而中国与朝鲜被彻底置于"夷"的地位。甲午战争的胜利，台湾、朝鲜的扩张，在华殖民利益的扩大，日俄战争后跻身列强的一系列成功，都让日本的对华看法越来越囿于"华夷之辨"的狭隘见解，这就理所当然地将日本人的眼光凝视在中国的阴暗细节之上，亦对中国已经和正在发生的变动视而不见。无论是福泽喻吉的"中朝恶邻"论，还是北一辉的"保卫亚洲盟主"论，其实都以日本式"华夷"观为基调。即使直到今天，曾任外相和首相的麻生太郎、著名右派石原慎太郎等人对中国的种种评判，仍然不脱"华夷之辨"的老路子，只不过将"华""夷"的分野套上了所谓"民主自由"或"市民社会"的帽子。

吊诡的是，不管怎样鄙视当前的中国，日本终究无法根绝其与中国古典文化的血缘关联。在连天皇的帝号都要来自中国典籍的背景下,"神国"意识形态的建构也必须对古代中国文明保持尊崇和敬畏,此际却又对近代以降的中国加以轻蔑排斥,这个古怪的"华夷"体系便在悄然之间发生了不可遏止的分裂。这是近代日本对华观的一个基本特征。而日本人所了解的中国之古,又往往来自书籍和转述,本来缺少实际印证,分裂的倾向亦越发加剧。结果,在时间、空间的两个维度内,日本人看到的中国都宛如碎裂镜子折射出的景象,真实的中国便消隐得越来越远。

当然,在日本人当中,头脑清醒者也仍旧存在。日本虽然在甲午之役战胜,学者胜海舟却在《冰川清话》中写道:"支那也有支那的长处,只是没有发挥出来而已……如果以二三次战争的胜利而对支那以轻视的态度的话,那你就不了解支那……支那人从古时候开始就是一个发达的民族……支那政府也不是一无是处的。"在日本举国若狂的氛围下,胜海舟的看法正如中岛岭雄所评价的"是独一无二的,是他对传统的中华文明、中国社会的敏锐洞察及融合的产物"。经过几十年的风雨跌宕,又有人作出了进一步的反思。战后曾任进步党干事长、厚生大臣的鹤见佑辅坦率地说:"……对自己触动最大的,还是古代日本民族对支那的强烈敬慕之情,以及近代以来全体日本人对支那无法掩饰的轻蔑态度。我们必须正视对古代支那的敬慕与对近代支那的轻蔑两种态度之间的强烈反差,因为这是两国国民重新相互理解的第一步。"他得出的反省结论是:"我曾以观察日本的眼睛来看支那,并嘲笑过支那。如今当我以观察世界的眼光来看,则觉得相当惊心动魄。对此,自己也深感奇怪。支那并非日本,那是一个由截然不同的环境与人生观构成的国度。支那对日本来说,还是一个未知的国家。很久以来,我错误地以为了解支那,其实并不懂得它。"不过,胜海舟与鹤见的这种态度需要独持己见和自我检讨的高度勇气,以日本人的民族性格和社会特性,似乎注定难以得到公众普遍的共鸣。

结　语

　　正如黄遵宪、戴季陶在中国的知音寥寥,胜海舟、竹内实式的人物在日本也属于少数派,这是当下尚且不易逾越的冰冷现实。两国之间彼此错看的痼疾已有上千年的历史,想要治愈更非易事。所以,在两国各自的对外关系中,尽管长年打着"睦邻友好"的旗号,中日关系和日中关系却向来都可谓最复杂、最棘手、最微妙。

　　1945年"二战"结束后,中日两国各自发生了脱胎换骨的变化,加上政治道路的歧异和国际形势长期隔绝,给清楚地理解对方造成了新的困难。具体体现在两国关系从二十世纪七八十年代的"蜜月"到九十年代至今的"低谷"的重大转折,与之相伴的是两国国民彼此观感的负面比重逐渐上升。除掉因冷战及冷战结束导致的国际环境嬗变的外界背景,一个重要原因就是双方的政治家、民众始终都没有建立起关于对方的正确认知,而一旦交往骤然频密,距离迅速拉近,种种不如所愿的不满、失望、误解全都应运而生,最终由云里雾里的"相亲"一步步走向了眼睁睁的"相厌"。

在此应当提及的是自二十世纪八十年代起,中国出现了又一次大规模留学、移民日本的浪潮,然而,这次浪潮中的新一代中国留学生比起近百年前的先辈还有不同。大多数人的动机主要是为了追求个人物质生活的改善,因而乐于成为滞留日本的外来劳动力,对增进两国之间的交流贡献不多。一些人更因其犯罪行为,成为令日本人对中国印象急速恶化的一大缘由。与此同时,战后的日本人因美国文化征服和教育内容变革等种种原因,也使他们不再如前辈那样熟知中国古典文化。尽管古典中国的影响对日本人理解现代中国时可能是一个负担,但年轻一代对中国的知识减少到了相当严重的程度,乃至连肤浅的了解也无从说起。在较为引人瞩目的历史教育领域,双方自说自话,出现了胶着的互有攻防的局面。必须阐明的是,历史教育的误导绝不是日本或中国单方面的问题。茨木智志在《中国和日本的历史教科书的相互认识》中通过对两国教科书涉及对方内容的分析,得出"日本是为了现在的日本教授中国史,中国是为了现在的中国讲授日本史"的结论。日方讲得最多的是中国古代伟人,而中方则注重于日本近现代的侵略。无独有偶,谭汝谦教授亦在《近代中日文化关系研究》中指出,日本对中国思想、文学的看法是"厚古薄今",中国对日本文学的研究则"厚今薄古"。这种错位现象,与前述的两国彼此误读可谓一脉相承,绝不仅局限于思想、文学和历史教育的理论层面,而是渗透了两国上至官方下至民众的现实生活。

中日两国皆是东亚乃至世界范围内的大国，在地缘上的唇齿相邻不可更改，因此，建立彼此间的正确认知是理所应当的大事。然而，这个千年痼疾的根治需要双方彼此正视的尊重，协调配合的默契，自我批评的勇气和求同存异的宽容，以上条件暂时都不完备，所以教人无法以乐观待之。或许，不论未来究竟往何处去，都是中日两国的宿命吧。

致谢

/王东

简单说两句。

这本小书开始写作是 2011 年地震之前，待到付梓，已经过了三年多，期间经过很多人事变迁，感慨无限。

我对于日本的了解还是皮毛，见识浅陋之处请读者莫要见笑。但我觉得这些文字如果有一点意义的话，就是希望能引发有心人的进一步思考。

致谢不是客套，不然我心不安。感谢合作者王轶庶兄的盛情，他的摄影作品无声胜有声，为拙文增色极多。感谢责任编辑陈黎女史，她细致地为我挑拣出不少文字上的纰漏疏忽，并为此书的问世做了最多的工作。感谢高源伸兄多年来真正如兄长般的照顾和关爱。感谢中国大使馆的吕小庆参赞，作为十几年来站在中日外交一线的职业外交官，给我提供了许多教诲。感谢日本文化研究的重镇李长声老师，他热心提携后辈，总是使人有如沐春风之感。

感谢王丹宁、关军、张石、王丰等各位,这本书也献给他们。
最后,感谢家人。
让写作和思考继续。

镜子——日本摄影小记

/王轶庶

我去了五次日本，各是在2005年和2012年，几次下来从南面的长崎到最北端的稚内，算是基本领略全境了。第一次去日本就是王东先生陪我们四处走的，当时就觉得他对日本也太懂了吧，没有什么问题能难住他。2012年我和向阳先生又去了日本各地，为他的纪录片拍摄静态照片。在日本时，我并没有看相关书籍，也没怎么提问，我更愿意直接地去看，打量他们。

仅凭看，我似乎就能看懂他们。和我去过的其他国家相比，在别国拍的照片总是有些异域风情，有陌生的惊讶，但日本不是。这个邻居真的就像你家的邻居一样那么熟悉，但你绝不敢自称了解他，特别是如果某天他对你意味深长地笑了一下。日本像一面镜子，总让我下意识地去比较，去认知。这是个复杂的国家，它复杂地影响着我们。

对日本的记忆，很多时候是愉快的，但并不一定是亲切的。我的陌生感和疏离感混杂在各种变幻又坚固的感受中，有关日本的人、事、风、物，它们经常令我感到迷惑。我用手机拍摄了书中这些照片，尽管更多的日本照片是用单反拍的，但手机是私人物品这个属性让我的拍摄更为自由，也更个人化，它像一把无声手枪，和我一起安静地打量着这个国家。

敛与狂

敛与狂